LE COMTE

DE

LAVERNIE

PAR

AUGUSTE MAQUET

I

PARIS

L. DE POTTER, LIBRAIRE-ÉDITEUR

RUE SAINT-JACQUES, 38.

1853

LE COMTE DE LAVERNIE.

NOUVEAUTÉS EN VENTE.

	fr.	c.
LE COMTE DE LAVERNIE, par *Auguste Maquet*, collaborateur d'*Alexandre Dumas*, 4 vol. in-8, affiche à gravure, net...	18	»
MONTBARS L'EXTERMINATEUR, par *Paul Duplessis*, auteur des BOUCANIERS, 4 vol. in-8, net..................	18	»
LES AMOURS DE VÉNUS, par *Xavier de Montepin*, 3 vol. in-8, net.	13	50
UN HOMME DE GÉNIE, par *madame la comtesse Dash*, 3 vol. in-8, net.......................	13	50
LE GARÇON DE BANQUE, par *Élie Berthet*, 2 vol. in-8, net...	9	»
LES LORETTES VENGÉES, par *Henry de Kock*, 3 vol. in-8, affiche à gravure, net...................	13	50
ROQUEVERT L'ARQUEBUSIER, par *Molé Gentilhomme*, 4 vol. in-8, affiche à gravure, net..................	18	»
MADEMOISELLE BOUILLABAISSE, par *Charles Deslys*, 3 vol. in-8, affiche à gravure, net.................	13	50
LA CHASSE AUX COSAQUES, par *Gabriel Ferry*, 4 vol. in-8, affiche à gravure, net...................	18	»
L'AMOUR A LA CAMPAGNE, par *Maximilien Perrin et E. Mary*, 3 vol. in-8, affiche à gravure, net...............	13	50
LA MARE D'AUTEUIL, par *Ch. Paul de Kock*, superbe affiche à gravure.............................	»	»
LES BOUCANIERS, par *Paul Duplessis*, 3 vol. in-8, superbe affiche à gravure, net.......................	13	50
L'USURIER SENTIMENTAL, par *G. de la Landelle*, 3 vol. in-8, affiche à gravure, net.....................	13	50
LA PLACE ROYALE, par *madame la comtesse Dash*, 3 vol. in-8, net..............................	13	50
LA MARQUISE DE NORVILLE, par *Élie Berthet*, 3 vol. in-8, net.	13	50
MADEMOISELLE LUCIFER, par *Xavier de Montepin*, 3 vol. in-8, net..............................	13	50
LES ORPHELINS, par *madame la comtesse Dash*, 3 vol. in-8, net	13	50
LA PRINCESSE PALLIANCI, par *le baron de Bazancourt*, 5 vol. in-8, net.............................	22	50
LE CHASSEUR D'HOMMES, par *Emmanuel Gonzalès*, 3 vol. in-8, affiche à gravure, net.....................	13	50
LES FOLIES DE JEUNESSE, par *Maximilien Perrin*, 3 vol. in-8, affiche à gravure, net.....................	13	50
BÉBÉ OU LE NAIN DU ROI DE POLOGNE, par *Roger de Beauvoir*, 3 vol in-8, net.........................	13	50
BLANCHE DE BOURGOGNE, par *madame Dupin*, auteur de CYNODIE, MARGUERITE, etc., 2 vol. in-8, affiche à gravure, net	9	»
L'HEURE DU BERGER, par *Emmanuel Gonzalès*, 2 vol in-8, affiche à gravure, net.....................	9	»
LA FILLE DU GONDOLIER, par *Maximilien Perrin*, 2 vol. affiche à gravure, net.......................	9	»
MINETTE, par *Henry de Kock*, 3 vol. in-8, net............	13	50
QUATORZE DE DAMES, par *Mme la comtesse Dash*, 3 vol. in-8, net	13	50
L'AUBERGE DU SOLEIL D'OR, par *Xavier de Montepin*, 4 vol. in-8, affiche à gravure, net.................	18	»
LES COUREURS D'AVENTURES, par *G. de la Landelle*, 3 vol. in-8 affiche à gravure, net...................	13	50

LE COMTE

DE

LAVERNIE,

PAR

Auguste MAQUET.

I

Paris,

L. DE POTTER, LIBRAIRE-ÉDITEUR,

Rue Saint-Jacques, 38.

I

LE CAMP DE STAFFARDE.

A dix heures de la nuit, par un temps calme, le 17 août 1690, la lune, en se levant derrière l'abbaye de Staffarde, en Piémont, éclairait l'un de ces étranges spectacles que l'homme, infatigable destructeur, donne trop souvent au regard du dieu qu'il appelle un Dieu de paix.

Un immense terrain, coupé d'ombres noires et de brumes bleuâtres, des ravines profondes, des marais égratignés à la surface par des points lumineux; çà et là un roc taillé en forme bizarre et courbé sur la plaine comme une sentinelle gigantesque, des arbrisseaux muets et immobiles : voilà ce que les yeux apercevaient tout d'abord avant que de s'être accoutumés aux ténèbres.

Mais quand on avait suivi durant quelques minutes les lignes anguleuses de la noire abbaye qui se profilait sur le ciel pommelé; quand on avait interrogé les sombres profondeurs de l'horizon endormi, tout ce cahos de l'espace compris entre Revel et Staffarde s'éclairait et se débrouillait peu à peu. Au bord des ruisseaux, derrière les roches, sur la crête des éminences apparaissaient des masses arrondies ou quadrangulaires, animées pour ainsi dire par les mouvements imperceptibles de quelques ombres qu'on voyait glisser silencieusement le long de leurs parois.

Ces blocs long et carrés étaient les

lentes de l'armée française, perdue au milieu du sinistre paysage que nous venons de décrire. Les ombres qui passaient à l'entour étaient les éclaireurs de Catinat, qui surveillaient la plaine et les collines. Les mystérieuses ténèbres de l'horizon cachaient dans leurs plis l'armée de Victor-Amédée et du prince Eugène, qui, sous Villefranche, admirablement postés, riaient de voir ces Français aventureux s'enfoncer et s'enfermer dans un défilé que Dieu gardait avec l'eau de ses marais et le prince Eugène avec le feu de ses canons.

Cependant cette armée française tant menacée, dormait tranquillement. Catinal, en se couchant le soir, avait reconnu le danger, et annoncé qu'on ferait prudemment retraite le lendemain sur Pignerol.

Dix heures, nous l'avons dit, sonnèrent lentement aux clochers de l'abbaye, et la lune s'étant dégagée pour un moment d'un amas floconneux de nuages, ses rayons d'argent tombèrent sur un quartier de roche tapissée de lichens, qui dominait le parc d'un escadron de dragons.

Ces mousses fraîches et moelleuses servaient de lit à un lieutenant des dragons.

grand et vigoureux officier de vingt-huit à trente ans, qui profita du rayon de lune pour se soulever sur un coude, regarder attentivement autour de lui, et déplier une lettre toute froissée qu'il essaya de relire, et relut en effet, tant chaque mot lui en était connu.

La lecture achevée, ce jeune homme médita profondément, puis sembla chercher en regardant le ciel une bonne inspiration qu'il ne trouvait pas sur la terre. Il se leva d'un bond, secoua dans l'air frais de la nuit sa tête énergiquement belle, et raffermissant autour de ses reins le ceinturon de son épée, il gravit d'un pas assuré la pente rocailleuse qui conduisait au quartier-général. Arrêté près de la tente principale qui s'élevait isolée au bord d'un ruisseau bruyant :

— Le général? demanda-t-il à un factionnaire du premier poste.

— Mon officier, le général ne reçoit personne cette nuit; il dort.

—Fais-moi le plaisir de lui porter mon nom : Gérard de Lavernie.

— Mon officier, ni moi ni mes camarades nous ne porterons votre commission. La consigne du Père-la-Pensée est rude.

L'officier baissa la tête, sans s'éloigner toutefois.

— Il y a plus, mon officier, continua le grenadier, on ne stationne pas sur ce plateau, il faut descendre.

Et il dessina la consigne par un geste éloquent.

A ce moment, du fond de la tente immense s'échappèrent, timides et amortis par les toiles épaisses et les cloisons, les accords d'une mandoline ou d'une guitare. Quelques mesures parvinrent aux oreilles de l'officier, qui regarda le factionnaire d'un air à la fois ironique et mécontent.

— Dame, mon officier, répondit le grenadier qui avait compris ce muet reproche, s'il aime la musique, ce cher homme !

—Il choisit bien mal son temps, grommela le lieutenant de dragons en revenant sur ses pas avec une lenteur pleine de tristesse. Hélas! Catinat chanterait moins s'il avait dans son cœur tout ce qui dévore le mien !

Ces mots, à peine intelligibles, furent entendus par un homme assis, les jambes pendantes, sur le talus que dominait le quartier-général. La tête couverte d'un chapeau sans galon, ses larges épaules ensevelies dans une vaste redingote brune, cet homme interrogeait d'un œil perçant les sombres inégalités de la vallée. Aux paroles prononcées par l'officier de dragons, le silencieux observateur tourna la tête, et lut sur le visage désolé du jeune homme tout ce désespoir exhalé dans une phrase jetée aux vents.

Il se leva, se dressa pour ainsi dire devant l'affligé qui passait sans l'avoir aperçu.

— Que voulez-vous à Catinat, dit-il

d'une voix brusque et en fronçant d'épais sourcils.

— M. de Catinat! mon général, murmura l'officier saisi de crainte et de respect en reculant involontairement.

Catinat posa un doigt sur ses lèvres, prit par le bras son interlocuteur, et s'éloigna rapidement du quartier-général, tandis que le jeune homme, encore étourdi, essayait de rappeler ses idées.

Quand ils furent à cent pas environ du tertre, le général s'arrêta, et, regardant fixement son compagnon :

— Qu'alliez-vous faire chez moi? demanda-t-il.

— Mon général, pardon, ai-je l'honneur d'être connu de vous?

— M. Gérard de Lavernie, je n'ai pas la réputation d'oublier le nom des braves gens, et des gens à qui je dois un service ou une politesse. Eh bien, mais, est-ce que vous n'êtes pas le fils de ce brave Lavernie, tué près de moi en 1673, à l'attaque de Maëstricht? Est-ce que vous n'avez pas pour mère la digne comtesse de Lavernie, qui me reçut si bien dans sa maison, il y a deux ans, à mon retour de

Savoie ? Voyons, dites-moi la cause de cette mine longue : vous veniez frapper à ma porte ? laissez-moi espérer que vous avez besoin de moi et que je vais pouvoir guérir ce mal dont vous parliez tout-à-l'heure et qui vous dévore l'âme. Ah ! ah ! je vous vois une lettre dans la main.

Les yeux du jeune homme brillèrent ; Catinat se hâta d'ajouter :

— J'espère que madame votre mère se porte bien ?

Oui, par bonheur, mon général. Il y

a long-temps qu'elle n'a souffert de ses palpitations.

— Bon, et le petit chien, dit gaîment Catinat, celui qui m'a mordu aux jambes dans le vestibule, parlons-en?

Gérard sourit tristement.

— Et avec le petit chien, poursuivit Catinat, nous avons l'abbé... le bon petit grassouillet... eh là... votre précepteur... celui qui a essayé de me parler latin et qui n'a jamais pu... une bonne âme...

— L'abbé Jaspin, mon général ; merci, l'abbé va bien.

— Me voilà tranquille, dit Catinat en jetant sur la plaine un regard attentif, suivi d'un court silence... et la lettre qui m'inquiétait d'abord ne m'inquiète plus, parce qu'à votre âge, quand on aime sa mère, son maître et son chien, et que tout cela vit en santé, il n'est pas de réel malheur.

Gérard, se rapprochant du général :

— Monsieur, dit-il, ne peut-on pas aimer autre chose encore, à mon âge.

— Oh ! répliqua brusquement Catinat, si vous aimez autre chose que cette excellente mère, ce bonhomme abbé, et ce charmant petit chien noir et blanc, tant pis pour vous, ce sont vos affaires.

Et il fit un mouvement comme pour rompre l'entretien.

— Mon général, dit Gérard, je suis malheureux, j'ai droit à ce que vous m'écoutiez.

— Oh, oh!... voyons.

— Cette lettre, qu'en effet j'ai reçue à quatre heures par le dernier courrier de France, m'apprend une nouvelle affreuse.

Catinat leva son regard intelligent sur le pâle visage du jeune homme qui continua :

— Une femme que j'aime tendrement et à laquelle je voudrais donner toute ma vie, une jeune fille qui mérite tous mes respects va m'être enlevée avant huit jours si je ne prends un parti extrême.

— Vous être enlevée, dit Catinat, comment cela ?

— Mon général, le 26 de ce mois elle doit faire profession.

— Sa famille vous la refuse ?

— Elle est orpheline, et je ne l'ai demandée à personne, pas même à elle. A peine sait-elle tout l'intérêt que je lui porte, et je crois qu'elle n'a ressenti encore que de l'amitié pour moi.

— Qui la force à faire des vœux ?

— Elle a perdu sa mère; elle ne connaît pas son père ; un protecteur mystérieux la pousse à entrer en religion.

Le général secoua la tête en signe de mécontentement.

— Je n'aime pas ces affaires-là, dit-il,

et je vous plains sincèrement. Mais je ne vois pas trop à quoi je pourrais vous servir. Est-ce que je connais le protecteur en question? Désirez-vous que je sollicite en votre faveur ? Comment s'appelle-t-il ?

— Monsieur, je ne le connais pas moi-même, et la jeune fille dont j'ai l'honneur de vous parler ne l'a jamais vu. Non, la grâce que j'avais à vous demander dépend de vous seul.

— C'est ?...

— Mon général, vous avez annoncé

ce soir à l'ordre que nous battions en retraite demain. Toute l'armée a reconnu là votre sagesse.

— Ah! s'écria Catinat en souriant.

— Il n'est pas, continua Gérard, jusqu'aux plus enragés parmi nous qui ne comprennent combien la position du prince Eugène est forte.

— N'est-ce pas? répondit Catinat du même ton de bonhomie.

— Inexpugnable, mon général.

— Aussi bonne que la nôtre est mauvaise, poursuivit le grand homme avec un soupir dont l'écho contrastait singulièrement avec le fin sourire qui n'avait pas abandonné ses lèvres.

— Oh ! mon général, avec vous il n'est pas de mauvaise position, dit Gérard ; mais enfin nous décampons, et cette retraite va nous donner au moins quinze jours d'observation.

— Probablement, murmura Catinat en fouettant de sa canne une broussaille qui s'accrochait à ses bottes... mais enfin tout cela ne me dit pas quelle grâce vous attendez de moi.

— Un congé de quinze jours à partir de ce soir, mon général.

Catinat se redressa vivement et d'un ton sec.

— Impossible, dit-il, impossible, M. de Lavernie!

—Oh! mon général, s'écria douloureusement Gérard, dont les traits s'altéraient à mesure que la fatale réponse s'enfonçait plus avant dans son cœur, vous oubliez donc que nous sommes au 18 dans deux heures; que le 26, à midi, cette jeune fille prononcera ses vœux et qu'elle est à jamais perdue pour moi, et qu'alors je suis perdu moi-même ?

— Comment, perdu? répliqua le général avec un regard presque cruel, tant il renfermait de tenace curiosité... Un homme perdu parce qu'une femme lui manque!..

— Monsieur, dit Gérard avec douceur, j'ai l'âme malheureusement si tendre, si faible, voulais-je dire, que du jour où cette jeune fille entrera en religion, je quitterai le service et me rendrai chartreux.

Catinat haussa les épaules et se détourna en frappant sa botte à petits coups pressés, non qu'il se fâchât de ces paroles ou les raillât, mais parce qu'il était ému de l'accent simple et vrai dont elles avaient été prononcées.

— Ce sera un grand chagrin pour ma mère, continua Gérard ; ma bonne mère, dont vous me parliez tout-a-l'heure, mon général, et qui ne vit que pour moi en ce monde, à tel point que bien souvent je me suis dit : Elle s'ennuie sur la terre, et sans l'amour qu'elle a pour moi, elle remonterait aux cieux.

Catinat sans se retourner :

— Et cette jeune fille doit faire ses vœux le 26 du mois?

— Oui, mon général.

— En quel couvent?

— Au couvent des Filles-Bleues de Mézières...

— Et à supposer que vous eussiez votre congé?...

Gérard tressaillit.

— Que vous n'aurez pas, interrompit Catinat plus doucement.

Les mains du jeune homme retombèrent à ses côtés.

— Enfin, M. de Lavernie, dites toujours ce que vous feriez si vous étiez libre.

— A quoi bon, mon général, puisque je ne le serai pas ?

— Eh pardieu! cela ne vous regarde point, dites toujours.

— Mon général, s'il faisait clair, je vous prierais de lire la lettre... de cette jeune fille...

Catinat avança la main pour prendre le papier que lui tendait Gérard.

— Il fait trop nuit, dit-il.

— Monsieur, je la sais par cœur, et je pourrai vous la réciter.

— Faites donc.

Gérard appuya une main sur son cœur, et, d'une voix étouffée, il commença :

« Monsieur, l'ordre est arrivé... je ferai profession le 26 à midi. Jusqu'à ce jour j'avais compté sur l'amitié que vous m'avez offerte, et sur les bontés de madame votre mère, car j'espérais que vous la gagneriez à ma cause. Mais je vois que vous semblez m'avoir oubliée et que Dieu seul me reste. Plus rien autour de moi! Ainsi donc jusqu'au 26 du présent mois, chaque jour, à quatre heures du matin, je serai sur la terrasse du couvent, derrière les buis, et je vous attendrai pour vous dire un éternel adieu, fût-ce d'un signe. Accordez-moi ce dernier bonheur afin que je n'aille point vers Dieu avec désespoir. »

Il s'arrêta; les derniers mots avaient

déchiré sa gorge pour arriver jusqu'à ses lèvres.

— Eh bien, demanda le général dont les yeux dévoraient ce malheureux jeune homme, j'avais raison ; même libre, qu'eussiez-vous fait là où il n'y a rien à faire ?

— Monsieur, je vais augmenter votre colère contre moi, mais je vous assure que rien n'est désespéré. Il y a deux cent cinquante lieues d'ici au couvent ; du 18 au 26 avril, il y a huit jours, Si une marche de trente lieues par jour peut faire peur à un cavalier, ce n'est pas aux dragons de Catinat. J'arriverai donc le 26, avant quatre heures du matin, en vue du couvent.

— Pour faire ce signe d'adieu à la pauvre fille?

— Oh! non pas, monsieur, pour l'enlever.

— L'enlever! d'un lieu saint!.. un sacrilége!

— Elle n'est pas encore religieuse... et je la menerais chez ma mère! Tenez, mon général, je vous conjure, je vous supplie à mains jointes... au nom de votre mère que vous avez tant pleurée, de votre frère que vous adorez, dit-on..., ayez pitié de moi, donnez-moi ces quinze jours, donnez-m'en douze, donnez-m'en dix ! Je courrai la nuit, je reviendrai mourir de fatigue en embrassant vos genoux... mais j'aurai sauvé cette enfant et vous m'aurez conservé à ma mère... Dix jours, mon général, rien que dix jours !

— Je le veux bien, dit Catinat en relevant Gérard éperdu ; mais, un moment ; écoutez-moi d'abord !

Il l'entraîna jusqu'au bord du ravin qui laissait entre eux et le reste du camp un large espace vide, et l'œil étincelant, le front illuminé par un rayon de lune que tamisait un chêne vert :

— Voyez, dit-il à voix basse, toute cette armée qui dort, bagages pliés, prête à faire retraite dans quelques heures. Les officiers généraux, mes deux lieutenans eux-mêmes ont leurs chevaux sellés, leur valises faites. Deux espions d'Eugène se sont tout-à-l'heure enfuis par le sentier que vous voyez là-bas dans les marais, pour aller rapporter que je me replie et que j'évite la bataille. Eh bien, monsieur, dans deux heures, regardez bien à ma montre, toute l'armée que je commande croyant fuir devant nos ennemis, aura tourné les marais et les collines, et pivoté par un seul mouvement qui jettera mon infanterie à portée du canon du duc de Savoie. Ne remuez pas ainsi, et continuez de m'entendre. Dans trois heures j'attaquerai l'ennemi franchement. Il appuie à des marais sa gauche et sa droite. Il a resserré son front qui fait un bloc pareil à une citadelle : c'est, comme vous le disiez, une position inexpugnable. Cependant, je lancerai ma cavalerie dans les marais ; je pousserai mes gens de pied sur le centre ; je chargerai deux fois, dix fois, cent fois, jusqu'à ce que j'aie tout enfoncé, l'épée à la main. Ce jour-là, les braves se feront connaître, et les Savoyards, les Espagnols et les Allemands des deux princes alliés apprendront ce que valent des recrues françaises menées au feu par un général qui paie de sa personne. Demain à midi, je serai mort ou l'on m'appellera le vainqueur de Staffarde. C'est ma première grande bataille à moi seul, j'y tiens. Voilà, monsieur, ce que j'ai résolu de faire, tandis que vous courrez sur le grand chemin de France pour enlever une jeune fille. Venez avec moi dans ma tente que je vous signe votre congé.

— Oh! monsieur, monsieur, dit Gérard pâle d'émotion et de respect, en s'inclinant devant l'homme puissant qui venait de se révéler à lui dans toute la splendeur du génie. Monsieur, l'on se battrait et je ne serais pas là ?..

— C'est ce que je me disais, ajouta Catinat, quand vous demandiez à partir tout de suite.

— Vous m'avez rappelé, mon général, que mon père fut tué à vos côtés sur l'ouvrage à cornes de Maëstricht. Je serai de votre bataille et j'y ferai mon devoir.

— Je l'espère ; comptez que je vous en

fournirai l'occasion ; mais votre maîtresse... y renoncez-vous ?

— Mon général, quand elle apprendra que je suis mort à Staffarde, elle ne m'accusera plus, et j'aurai un ange qui priera Dieu pour le repos de mon âme.

— Monsieur, répliqua l'intrépide philosophe, vous ne vous ferez tuer, s'il vous plaît, que si je vous le commande. Mon intention est que vous gagniez à cette affaire une compagnie dans mes dragons. J'ai certaines idées ; et puisque vous êtes venu à moi comme à un père, obéissez au père ainsi qu'au général.

— Ne m'avez-vous pas dit que vous aurez remporté cette victoire demain à midi, ou que vous serez mort?

— Je l'ai dit.

— J'ai deux raisons de mourir alors. Vous comprenez, mon général, qu'on ne survit pas à l'homme qui vient de se montrer tel que vous êtes pour moi. Mais vous échapperez : Dieu le veut. Quant à moi, comme j'aurai perdu tout l'avenir de la pauvre enfant qui s'était confiée à moi, comme j'aurais mal vécu dans un cloître, il vaut mieux que je meure pour le roi et pour vous au champ de bataille.

— J'ai prévu tout cela, répliqua Catinat, qui recouvra dès ce moment sa douce et sereine gaîté ; celui qui veille au sort de trente mille hommes peut bien trouver le moyen d'en sauver un seul. Allons, voilà que nous avons perdu un quart-d'heure ; dans vingt-cinq minutes j'ai tous mes ordres à envoyer. Vous dites que le couvent de votre amie est à Mézières, et qu'un bon cavalier y peut aller en huit jours?

— Oui, mon général.

— Il est dit que tous mes moyens seront bons, jusqu'au dernier ; j'ai une chance extraordinaire en ce moment. Gare à vous, M. de Savoie ! et vous, prince Eugène, gare !

— Eh, monsieur, dit Gérard, le prince Eugène sait à quoi s'en tenir sur votre compte ! N'a-t-il pas dit qu'il battrait Villeroy, se battrait avec Vendôme, et serait battu par Catinat.

— Il l'a dit, sur ma foi, il l'a dit ! s'écria le héros en riant; seulement il ne le croit peut-être pas ! Mais, tenez, entendez-vous ? murmura-t-il en se penchant à l'oreille de Gérard, tandis que de son doigt il lui montrait la tente isolée.

—J'entends une musique, répliqua Gérard.

—La musique dont vous vous plaigniez si fort tout-à-l'heure.

— Et qui me paraît charmante en ce moment.

—Pardieu! je conçois que vous la trouviez charmante.

— Pourquoi ? mon général.

— Parce que, grâce à cette musique,

mademoiselle... votre demoiselle, enfin, ne fera point profession le 26 du présent mois. Vous ouvrez de grands yeux; allons, entrez chez moi. Laisse-nous passer, grenadier!

II

BELAIR LA GUITARE.

Cette tente du général en chef de l'armée d'Italie se composait d'un vestibule et d'une chambre, deux vastes compartiments qui représentaient pour Catinat une habitation tout entière.

Il dînait et recevait dans le vestibule, il couchait et travaillait dans la chambre du fond. C'est dans cette dernière pièce, à peine éclairée par une petite lampe de cuivre à deux becs, que le général conduisit d'abord M. de Lavernie.

Là, sur un escabeau se tenait, une guitare entre les bras, un jeune homme de vingt-cinq ans, aux magnifiques cheveux blonds, aux yeux noirs, qui se leva dès que le bruit des pas lui annonça des visiteurs.

— M. le lieutenant, dit Catinat à Lavernie, voici M. Belair, un excellent musicien, un très-honnête homme que j'ai l'honneur de vous présenter : Belair, laissez là votre guitare, et venez causer avec M. Gérard de Lavernie et moi.

Belair, en se rapprochant pour saluer, vint offrir à Gérard une des plus charmantes physionomies parmi celles que l'on a l'habitude d'appeler heureuses. Ces yeux noirs étaient si veloutés et si doux, ils se dilataient si loyalement, ces dents blanches riaient entre des lèvres si fraîches et si rouges, le nez fin et légèrement retroussé donnait à l'ensemble tant de grâce facile, deux fossettes mignonnes dessinaient au milieu des joues un sourire tellement sincère, que Gérard se sentit dès l'abord prévenu fort tendrement pour l'aimable personne de ce jeune homme.

Catinat regardait du coin de l'œil ces deux belles natures si différentes que son caprice venait de rapprocher. Gérard était grand, Belair petit. Gérard avait le front haut, la lèvre fière, le nez aquilin, la beauté dure; son regard disait ce que dit l'éclair d'une épée. Tout cœur, tout intelligence, tout action : voilà M. de Lavernie. Belair avait la main blanche et paresseuse qui rêve et chante sur les cordes d'un instrument : sa bouche s'entr'ouvrait suave comme pour laisser passer une mélodie. Tout âme, tout adresse, tout indolence bienveillante : voilà le musicien Belair.

Quand les deux hommes eurent croisé leur regard et lu franchement au fond de leurs yeux, c'est-à-dire de leurs âmes, l'un et l'autre se tournèrent vers le général comme pour lui dire :

— Eh bien, nous nous connaissons ; que nous demandez-vous ?

Catinat qui avait compris, répondit à Gérard aussitôt :

— M. Belair vous contera comment il

se trouve ici dans mon camp et sous ma tente. C'est long; je n'ai pas le temps de faire des histoires. M. Belair prétend qu'il m'a de grandes obligations; c'est possible, mais je lui en ai de plus grandes encore. Je le sauve, à ce qu'il paraît de M. de Louvois qui le hait; M. de Louvois n'est pas un ennemi agréable...

— Vous le savez, mon général, interrompit Gérard de Lavernie.

— Oh! mon Dieu, non, je ne le sais pas. M. de Louvois est tout-puissant, il est absolu. Ministre de la guerre, il donne des ordres aux généraux, je commande une armée du roi. M. de Louvois, en me donnant ses ordres, peut croire qu'il me gêne, et il m'en veut sans doute de cela. Il aurait tort. Personne ne me gêne quand il s'agit de servir mon pays.

On appelait alors Catinat un philosophe, parce qu'il disait souvent : l'Etat — avant de dire : le roi.

— J'avançais, continua-t-il, que l'inimitié de M. de Louvois est plus malsaine qu'un bon coup de baïonnette. Ce pauvre Belair l'a encourue. A quelle occasion ? vous le saurez en causant avec lui. Je l'en ai sauvé momentanément ; mais il m'a sauvé, lui, d'un ennemi terrible : l'ennui!... Belair chante à ravir et a, comme je ne sais plus quel grec, ajouté une corde à la guitare. Or, j'ai la fantaisie de faire des vers, vous le savez, M. de Lavernie, et ce m'est un grand plaisir d'entendre mes rimes toutes brodées de notes harmonieuses par ce virtuose.

Belair salua. Catinat, se tournant vers lui :

— Quant à M. de Lavernie, dit-il, j'ai beaucoup de raisons pour lui être agréable. Tandis que je vais écrire ici quelques lignes de prose, faites-moi le plaisir de vous entretenir ensemble. Vous ne vous serez pas plutôt mis en rapport parfait que je vous apprendrai à l'un et à l'autre ce que j'attends de vous. A propos, M. de Lavernie, sachez que M. Belair est fort amoureux; et vous, Belair, apprenez que M. de Lavernie a peur de l'être trop. Voilà, je crois, la première glace rompue, allez maintenant.

Et Catinat, toujours souriant, se plaça devant sa table, consulta la carte du pays qu'il avait dressée lui-même, de sa main. Puis, il commença d'expédier les ordres pour le mouvement de ses corps d'armée.

Alors Belair et Gérard se retirèrent

dans un coin de la chambre. Bien surpris tous deux, fort disposés à se bien traiter l'un l'autre, mais frissonnant encore d'un reste de cette glace que Catinat croyait avoir rompue, ils s'interrogeaient de leurs yeux indécis et ils semblaient redouter le premier bruit que ferait leur parole.

— Allons! s'écria Catinat, ces maladroits vont perdre le peu de temps qui leur reste. Voyons, Belair, vous qui chantez si volontiers, parlez donc.

— Mais monsieur, répliqua timidement le jeune homme, je voudrais deviner...

—Eh! je vous l'ai dit : M. de Lavernie est comme vous, amoureux. Il vient d'apprendre que l'objet aimé va faire profession dans un couvent. Ce couvent est à deux cent-cinquante lieues d'ici; la cérémonie doit avoir lieu dans huit jours. Il s'agirait d'aller empêcher cela, et M. de Lavernie est à l'armée d'Italie.

Belair leva sur Gérard ses yeux doux et profonds.

— Ah! j'oubliais, reprit Catinat; si la jeune personne entre en religion, M. de Lavernie veut mourir ou se faire chartreux et, il a une mère. Voilà! J'espère que maintenant vous avez de quoi causer.

Là-dessus, le général rassembla quelques papiers et sortit de sa tente.

Gérard avait caché son visage dans ses mains. L'étrange confidence faite à un inconnu par Catinat des intimes douleurs qu'on lui avait avouées comme à un père, blessait à la fois et effrayait le jeune homme.

Belair vint à lui d'un pas si léger, qu'on eût dit le vol d'une ombre.

— Que puis-je pour vous, monsieur, dit-il, car je vous vois souffrir ?

— Rien, monsieur, je vous remercie.

— Si M. de Catinat m'a ainsi présenté à vous, c'est qu'il n'est pas de votre avis. M. de Catinat hasarde rarement ses paroles, jamais ses démarches. Il vous a dit que je suis amoureux; il m'a dit que vous l'êtes; il vous a conté que je suis son obligé; il m'a montré qu'il tient à vous être agréable; c'est donc que le général ne me juge pas inutile à votre satisfaction.

— Monsieur, il est impossible d'offrir

ses services avec une grâce meilleure et vous m'en voyez sensiblement touché, mais le 26 du mois, dans huit jours, j'aurai perdu la femme que j'aime, et c'est un mal sans remède, que dis-je? un mal dont je serai guéri ce soir, ajouta-t-il d'une voix étouffée.

— Monsieur, répondit Belair, quand j'ai quitté Paris, j'aimais passionnément une charmante fille, je l'aime encore. elle était menacée d'un grand malheur ; son père, le seul parent qui lui reste, est un vieux soldat que M. de Louvois ne trouve pas digne d'entrer aux Invalides, d'où il l'exclut avec cette infernale obstination que vous lui connaissez. sans cause : pur caprice! Il est dit que l'étoile de M. de Louvois égratigne la mienne chaque fois qu'il y a rencontre, et mon astre si humble va heurter perpétuellement cette flamboyante comète. Eh bien! monsieur, mademoiselle Violette, c'est le nom de ma maîtresse, s'était mis dans la tête d'assurer le repos du vieux Gilbert son père et de le rendre riche en épousant une manière de traitant, un certain Desbuttes, un de ces hommes qui commencent par être valets de chambres et finissent par être millionnaires. Tandis que je râclais ma guitare, et que je devenais l'idole des Parisiens, cette jeune fille, qui m'adore au fond, me rendait le plus misérable des hommes avec cette piété filiale et cette rage de sacrifices qu'elle tient toujours suspendus sur ma tête. Je deviendrai riche, lui disais-je, riche comme votre Desbuttes; je donnerai un carrosse à votre père qui n'a plus de jambes; — et de râcler. Mais, monsieur, pour se faire une réputation à Paris, il faut avoir les femmes de son côté. Le diable enragé veut que je plaise aux femmes; elles m'appellent, elles raffolent de moi, c'est à qui parmi elles prendra des leçons de guitare. La guitare commençait à s'user depuis que Louis-le-Grand n'en joue plus et que madame de Maintenon préfère les orgues. Voilà-t-il pas que je remets la guitare en mode! L'argent pleut, les cachets sont des louis d'or; je commande une jambe d'argent à l'invalide, mon futur beau père. Tout-à-coup, Violette me défend de donner des leçons aux dames ; — baisse dans les revenus. Cependant, je m'ingénie ; j'invente une corde nouvelle que j'appelle la corde amoureuse. Tout ce que je joue sur cette corde passionne les femmes ; les hommes veulent apprendre à la pincer, cette corde : cachets de revenir ; louis d'or de s'empiler ; je fais dorer la jambe d'argent. Au même instant, mon étoile rencontre la comète ; il y a choc ; ma fortune s'écroule !... Pardon, monsieur, vous croyez que je veux seulement vous parler de moi ; attendez un peu, j'en arrive à vous ; et, croyez-moi, j'abrége.

— Continuez, dit Gérard; vous êtes un charmant conteur. Si vous saviez tout ce que vous m'inspirez !

— Merçi ; que n'êtes-vous M. de Louvois !

— Vous le haïssez donc bien ?

—Eh, Monsieur ! c'est lui qui me hait ; moi, je n'ai pas de fiel.

— Que lui avez-vous fait ? Un musicien n'est pas dans le chemin du ministre de la guerre !

Belair hocha la tête, et ses beaux cheveux blonds vinrent envahir son visage devenu sérieux.

— Oh! dit-il, je lui ai fait une chose bien grave.

— En vérité ! s'écria Gérard inquiet.

— Vous n'ignorez pas, dit Belair, que le marquis de Louvois entretient des espions dans toutes les cours étrangères, et qu'il doit aux rapports de ces agens les renseignements précieux à l'aide desquels jusqu'à présent il a poussé la guerre avec tant de succès.

— J'ai ouï dire cela, en effet, mais...

— Eh bien! ces espions, il les choisit d'ordinaire parmi les gens que leur profession oblige à voyager, et que leurs talens font bien accueillir partout où ils se présentent. Un maître à danser; on danse dans toute l'Europe: un cuisinier; on mange partout: un maître en fait d'armes; partout l'on tire l'épée: un musicien; la musique est la langue universelle.

— Eh bien? demanda Gérard, fort intéressé.

— Eh bien! monsieur, un jour que je

tirais quelques coups en tierce et en quarte avec un grand drôle nommé la Goberge, maître d'escrime, borgne et bretteur comme une épée qu'il est, — j'avais l'idée de faire peur à M. Desbuttes, au traitant mon rival, celui dont me menace Violette; — un jour, dis-je, que je me fendais jusqu'aux dents sur le plastron de ce coquin de la Goberge, en le félicitant de sa mine insolente et du gros ventre qu'il commence à prendre, savez-vous la proposition que le drôle osa me faire?

— Eh! mon Dieu, dit Gérard, quoi donc?

—M. de Louvois, me dit-il, connaît votre mérite, il désire vous employer.

— Quel cachet! m'écriai-je, quel honneur! Est-ce que M. de Louvois veut râcler du boyau sous les fenêtres de madame de Maintenon, comme M. de Richelieu claquait des castagnettes devant Anne d'Autriche?

— Oh! non pas, dit la Goberge, vous savez bien que le ministre et la favorite ne s'aiment pas assez pour correspondre en musique. C'est beaucoup plus haut que vous allez viser. Il s'agit de devenir homme d'État.

— Moi, comment?

— En faisant ce que je fais, continua La Goberge, en combattant les ennemis du roi dans leurs conseils et desseins. Nos soldats sont les bras de Sa Majesté; mais M. de Louvois a besoin d'avoir des yeux et des oreilles en Angleterre pour surveiller le prince d'Orange devenu le roi Guillaume : Je suis une de ces oreilles et l'un de ces yeux ; voulez-vous être l'autre?... Le drôle avait raison de dire un de ces yeux, puisqu'il est borgne.....

Aussitôt je compris, je rougis et je refusai tout net. La Goberge enfonça son chapeau sur ses yeux ; je lui tirai ma révérence. Il me montra le poing, je lui tournai le dos.

— Oh! mon Dieu! vous me faites frémir, dit Gérard.

— N'est-ce pas? Le jour même, à midi, un estafier de M. de Louvois vint pour m'arrêter. Par bonheur, je donnais une leçon dans ma rue, chez un gentilhomme marié dont les fenêtres voient ma porte. Je vis, je compris, je m'enfuis, je courus jusqu'à la frontière avec un demi-louis dans ma poche; j'ai bien fait cinquante-cinq lieues à jeun en trente heures. Si vous saviez quel oiseau je suis pour craindre la cage !

— Et mademoiselle Violette?

— Ah! voilà, reprit Belair tristement, mademoiselle Violette!... Je lui ai écrit d'Angleterre: elle ne m'a jamais répondu. J'ai depuis deux mois rôdé tout autour de la France comme un renard autour du terrier bouché. Plus j'écrivais, moins Violette me répondait.

— C'est bien mal! dit Gérard.

—Eh! ne l'accusez pas, la pauvre fille !

j'ai fini par découvrir que pas une de mes lettres ne lui est parvenue. M. de Louvois les faisait intercepter une à une, et comme je marquais dans toutes ma nouvelle demeure, on venait régulièrement m'arrêter huit jours après que j'avais écrit à Violette. J'avais beau déménager, ce M. de Louvois a des intelligences partout; mais j'ai le flair exercé, je sens les alguazils à une lieue.

Traqué, exténué, ruiné, je suis venu un matin me jeter dans le camp de M. de Catinat. C'est un homme si bon, un si galant homme! Il a fait bâtonner deux sbires qui voulaient me prendre : il m'a enrôlé dans le régiment de Nivernais, m'a fait acheter une guitare et me cache chez lui. M. de Louvois sait que je suis là; il écume, mais n'en peut mais... j'appartiens au roi!

— Vous êtes sauvé, dit Gérard.

— Oui, mais je ne vis pas en songeant à Paris où Violette me pleure. Eh bien! je sens que vous souffrez le même martyre, et je vous dis tout net: Amoureux, malheureux, trouvez-moi une occasion d'ouvrir mes ailes et donnez-moi vos commissions pour la France.

— Oh! mon Dieu, s'écria Gérard,

transporté de joie, et les bras étendus pour serrer sur sa poitrine ce généreux champion, vous feriez cela pour moi, pour un inconnu !

— Assurément, et pour moi aussi : ce n'est pas aussi difficile que vous croyez, et si M. de Catinat ne m'avait enjoint de demeurer à son camp, j'aurais déjà tenté l'escapade.

— Mais. M. de Louvois, s'il vous sait en France ?

— Bah ! puisque je suis ici.

— Les espions qu'il a ici lui diront que vous n'y êtes plus.

— Non, répliqua Belair, M. de Catinat est capable de frotter la guitare lui-même, pour faire croire à ma présence.

— Jamais le général ne s'exposera ainsi à la disgrace de M. de Louvois ; jamais il ne vous exposera, vous, qu'il a protégé.

Au même moment parut Catinat sous la tapisserie qui séparait les deux chambres de la tente.

— Belair, dit-il, j'apprends qu'on va m'envoyer de la cour un lieutenant qui nous gênerait fort. J'aime mieux vous voir loin d'ici. Rendez-moi le service d'aller porter une lettre confidentielle à mon frère, en France, car je me défie de la poste.

Gérard et Belair poussèrent un double cri de joie et se précipitèrent chacun sur une main de l'excellent homme pour la couvrir de baisers.

— J'ai fait seller pour vous, continua Catinat, mon petit cheval piémontais que vous laisserez à dix lieues d'ici, chez les Capucins de Barno. Prenez garde aux fontes, je les ai garnies et ma lettre y est. Vous embrasserez quand vous en aurez le temps, mon frère à Saint-Gratien chez moi. Vous voilà messager de Catinat: c'est une excellente raison pour rentrer en France, et ce titre vous procurera des chevaux frais tout le long de votre route. Quant à vous, monsieur de Lavernie, vous commanderez les trente dragons que je prends pour escorte et pour garde aujourd'hui toute la journée. Ces dragons-là, je vous en reponds, feront du chemin et auront chaud. Les voilà qui viennent, je les ai envoyé checher. Vous prendrez votre poste tout d'abord à l'embranchement du chemin qui croise la route de France. En attendant que je vous mande, vous pouvez dire encore mille petites choses à M. Belair, qui, je le vois, s'est assez avancé dans votre amitié pour que vous preniez confiance en lui.

Catinat, en achevant ces mots, quitta les jeunes gens immobiles de surprise et de plaisir. Il trouva sur le seuil de la tente ses lieutenans, qu'un aide de camp venait de réveiller à l'instant même, et qui restèrent béans au premier mot qu'il leur dit de ses projets.

On entendait au loin, dans toute l'étendue du campement, comme un frisson d'armes, comme le soupir d'un immense réveil.

Bientôt, toute une troupe d'officiers arriva silencieusement au conseil de guerre, qui dura cinq minutes, et fut levé par le général avec ce seul mot : « En selle, messieurs! »

Onze heures et demie sonnèrent à l'abbaye de Staffarde, près de laquelle Gérard et Belair à cheval tous deux, causaient tendrement en se serrant les mains.

— Vous dites, demanda Belair, que ce couvent s'appelle les *Filles Bleues*.

— Et qu'il est situé à l'extrémité de la ville de Mézières, au bas de la côte.

— Deux cent cinquante lieues?

— Deux cent cinquante-sept.

— Fort bien. Il m'a semblé vous entendre parler d'une terrasse.

— De cent toises, au bout du jardin de ce couvent, couronnée de buis magnifiques dans toute sa longueur.

— Et c'est derrière les buis qu'apparaîtra la pauvre demoiselle?

— Oui, cher monsieur.

— Qui s'appelle.

— Antoinette de Savières, dit Gérard à l'oreille du musicien.

— Quel dommage que vous ne m'ayez pas écrit une lettre pour elle.

— Vous voyez que je n'ai pas eu le temps, mais prenez celle que voici, la sienne : vous la lui montrerez, et elle aura confiance.

— Et je la conduirai tout droit chez madame la comtesse de Lavernie, votre mère, où vous viendrez la rejoindre?

— Si je suis encore de ce monde, oui.

— Il me semble que c'est à peu près tout, et il ne me reste plus à faire que les deux cent cinquante-sept lieues.

—Il me reste à vous embrasser encore, toujours, à vous bien regarder dans les yeux, à vous bien dire : Tu es mon ami, mon seul ami ; je t'aimerai plus que tout au monde, toi qui m'as conservé ou voulu conserver ce que je préférais à tout en ce monde. Il me reste à vous dire aussi : en quelque endroit que je me trouve, quelle que soit votre fortune ou la mienne, chaque battement de ce cœur qui frémit sur le vôtre me parlera de vous, et, quand il se taira pour vous, c'est que je serai mort.

— J'accepte, dit Belair, et il me plaît que nous soyons deux à aimer ainsi Catinat et Violette. M. Catinat est un bien grand génie et un caractère bien facile ; Violette est une bien jolie fille, mais bien difficile, allez !

En ce moment une ligne immense et souple comme une couleuvre, brillante comme ses écailles, se tordit au-dessous du plateau. C'étaient les régimens qui prenaient position pour commencer leur marche nocturne.

Catinat fit défiler les premières colonnes et s'élança vers la droite sur un cheval ardent.

— Il se faut quitter, dit Gérard à Belair, adieu ! mes dragons attendent.

— Adieu! couvent des Filles Bleues, à Mézières, 26 août, Antoinette de Savières, les buis, madame la comtesse de Lavernie; trente-cinq lieues par jour!

— Ne riez pas, cher ami, interrompit Gérard, j'ai le cœur plein de larmes.

— Et moi, la tête pleine de parfums et de chants! Devant moi, là-bas, les prairies où le soleil va se lever, des oiseaux, des arbres que je verrai fuir aux flancs de mes chevaux, et, au bout de ce chemin, l'amour pour vous et pour moi! Antoinette, Violette, deux noms charmants! et qui riment!

— Embrassez-moi, dit Gérard.

— Pour votre mère, pour votre amie et pour moi. Bien!... A douze jours d'ici, chez madame la comtesse! Hâtez-vous, Violette m'attend !

Les deux jeunes gens, du haut de leurs chevaux, se penchèrent encore une fois l'un vers l'autre et s'étreignirent avec une douloureuse tendresse.

Gérard, suivi de ses dragons, piqua vers la plaine sur les traces du général qui l'appelait, et déjà dévorait l'espace au milieu du tumulte et des premiers coups de feu qui pétillaient à l'avantgarde.

Belair, paisiblement assis sur le petit cheval, tourna vers la solitude. Il s'engagea dans le chemin de France, laissant derrière lui à chaque pas un peu plus de cette poussière, un peu plus de ce danger, un peu plus de cette gloire !

III

LA GUITARE DU GRAND ROI.

C'était réellement un aimable compagnon, ce Belair. Il n'avait qu'un tort : son nom. Un joueur de guitare ne peut point s'appeler Belair.

Parfois, cependant certaines analogies que nous voyons entre le nom et la profession font croire à la destinée ; mais Belair n'avait pas choisi son état pour l'accommoder à son nom. Bien au contraire: il devait son nom à ses talens, peut-être à sa beauté. Etait-ce une femme qui l'avait ainsi nommé en voyant sa charmante figure ? Etait-ce un ami de la musique qui l'avait appelé M. du Belair à cause des airs délicieux qu'il composait? Toujours est-il que notre musicien avait gardé ce nom et s'en déclarait content. La vraie raison, nous la confierons au lecteur, c'est que Belair n'avait pas eu de nom à lui avant l'âge de vingt ans.

Enfant abandonné, pieds nus, par les chemins, sans que nul lui tendit la main ou lui sourit, petit berger dans la campagne, pâle et triste apprenti de je ne sais quel état dans les villes; épris de liberté, de nobles études; aimant le ciel, l'eau, la terre, tout ce qui est beau; l'or, les palais, l'art tout ce qui est riche, Belair touchait à sa quinzième année et fût mort de faim comme tant d'autres, comme tant d'autres, il fût devenu soldat, maçon ou moine, sans une aventure qui lui arriva en 1680 à Fontainebleau, et que Dieu sans doute avait suscitée.

L'enfant, sans nom, sans parents et sans pain, avait regardé tout le jour à travers les clôtures, le passage des chevaux de la cour, les habits brodés, les plumes, les robes de soie. Il y avait collation dans les bosquets. Les dames pillaient les tables chargées de fruits, de gâteaux et de liqueurs; les hommes servaient les dames, buvaient de grands verres que les officiers du roi leur tendaient sur des plateaux de vermeil.

Après le repas, toute cette noblesse s'envola comme une nuée de phénicoptères et de faisans dorés. L'enfant ne voyait plus rien qui rassasiât ses yeux, il eut faim, et du fond du massif de roses et de jasmins où il se cachait, il convoita les reliefs de ce festin que les valets semaient par les allées en emportant les plateaux et les vases.

Glissant comme un lézard tout le long de la haie, il rencontra une trouée près d'un grand pavillon de verdure, et franchit un fossé. A cent pas de lui, sur une table entre deux corbeilles de fleurs, s'élevait une pyramide de fruits et de biscuits. Cent pas, c'étaient dix secondes pour ce lézard! Et l'ombre propice, et le conseil d'un appétit de quinze ans! Combien eussent résisté?

Le pauvre enfant fit trois pas vers ces merveilles.

Soudain, il entendit les accords d'une guitare; il tourna la tête. A sa gauche, s'élevait dans les arbres un pavillon masqué par des lierres et des chèvrefeuilles. de longs stores de soie fermaient à demi la fenêtre et jetaient dans le pavillon une ombre que les yeux ne pouvaient percer. Avec l'instrument, une voix chanta, voix ferme et juste, qui mariait au savant accompagnement des cordes les langoureuses paroles d'un air castillan.

L'enfant oublia sa faim ; cette mélodie le ravit en extase. L'air était de ceux qu'on retient aisément, monotone et rêveur, avec une ritournelle de séguedille. Mais la chanson fut interrompue par un cri de femme effrayée parti de l'intérieur du pavillon. Une autre femme venait de lever le store à l'extérieur et de surprendre le joueur de guitare, qu'une admirable jeune fille écoutait les mains jointes agenouillée devant lui sur un coussin.

Belair, il faut bien que nous l'appelions d'une façon quelconque, se cacha sous les feuillages ; il entendit comme des reproches, comme des excuses, et la jeune fille sortit précipitamment du pavillon, en cachant sous ses doigts effilés un visage empourpré de honte.

La querelle continua entre le joueur de guitare et la femme impérieuse qui l'avait surpris ; et les paroles devinrent brèves, hautes, dures, et Belair méditait une fuite adroite, que le bruit de la discussion eût facilement dissimulée, lorsqu'une troisième femme apparut dans le chemin que l'enfant se disposait à prendre.

Celle-là, majestueuse et lente, s'avançait l'œil voilé sous ses coiffes, mais brillant à la fois de colère et de curiosité. Dès qu'elle entra dans le pavillon, la femme qui l'y avait précédée poussa un cri pareil à celui qu'elle-même avait arraché à la jeune fille surprise.

—Prenez garde, on entend du dehors, dit la dame majestueuse, d'une voix assez haute, pour que Belair l'entendît distinctement.

— Madame, répliqua l'autre, on n'a que faire de vos avertissements.

— Si madame de Montespan ne se ménage pas, ajouta la dernière venue, qu'elle ménage au moins le roi?

A ce mot : le roi! Belair frissonna et se fit petit comme un insecte au fond de son nid de mousse.

— Je ferai observer à madame de Maintenon, dit madame de Montespan, que je viens de voir la petite Fontange aux pieds de S. M. Cela compromet assez le roi pour que la sévérité de madame de Maintenon s'en effraie. Quelqu'un pouvait entrer dans ce pavillon ; quel scandale! avouez-le, madame, vous qui ne les aimez pas.

— Il est vrai que j'ai tort, murmura le roi.

— Votre Majesté n'a pas tort de voir qui bon lui semble, répondit madame de Maintenon, car le roi est maître absolu chez lui depuis la mort de la reine. J'ai cru seulement que madame de Montespan reprochait au vainqueur de l'Europe de jouer ainsi de la guitare comme s'il était permis au maître du monde d'avoir les goûts d'un vulgaire amant.

A peine ces paroles étaient-elles achevées qu'une main d'homme souleva le store. Quelque chose d'assez volumineux traversa l'air avec un sifflement étrange et vint tomber dans l'herbe moelleuse du fossé à six pas de Belair.

Le malheureux se crut découvert dans son asile. Il s'aplatit, n'osant plus respirer sous le poids écrasant d'une colère royale à laquelle il attribuait l'envoi de ce projectile. Mais nul ne songeait au pauvre enfant, et Louis XIV sortit du pavillon la tête basse entre madame de Montespan, qui pleurait de dépit, et madame de Maintenon qui souriait de triomphe.

Ces trois têtes illustres s'étaient revêtues, aux dernières clartés du jour, d'une expression indicible de beauté solennelle. Elles reflétaient tout l'orgueil, toutes les faiblesses de cette époque mémorable. Belair, malgré sa jeunesse et sa frayeur, comprit qu'il venait de voir passer là, dans le crépuscule, l'histoire complète de son temps.

Tout étourdi, tout tremblant, il se traînait dans les fossés, prêtant l'oreille pour absorber avidement les derniers bruits du pas de ces trois personnes, quand sa main étendue éveilla du milieu des fleurs et des lianes une harmonie mystérieuse. Belair regarda autour de lui avec surprise, et vit briller sur du bois de citronnier des incrustations d'or et de nacre. L'enfant perdu venait de rencontrer ces cordes échauffées encore par la main blanche du grand roi. Il avait à lui la guitare de Louis XIV.

Il est rare que Dieu donne le génie sans l'occasion. Souvent même le génie consiste à saisir cette occasion qui le révèle. A peine Belair eut-il en sa possession cette magnifique guitare, celle peut-être qui avait servi à l'Espagnole Anne d'Autriche et accompagné les vers que M. de Saint-Aignan faisait au roi pour La Vallière, à peine le frôlement harmonieux se fut-il exhalé des flancs de ce bois condamné par Louis XIV à un éternel silence, que l'enfant, transporté d'orgueil et d'inspiration, se dit : Je serai musicien.

Dès lors, emportant partout cet instrument comme une proie, il ne rêva plus que notes et accords. Seul dans les bois le jour et la nuit, il chercha de toutes les forces de son esprit, avec toute la souplesse et l'ingéniosité de ses doigts, le secret renfermé dans cette boîte sonore, et lorsque parfois il se désolait d'ignorer ce qu'un maître lui eût révélé en deux heures, Belair songeait aux premiers artistes qui arrachèrent à une corde sept cris bien distincts nuancés de cinq autres avec lesquels le génie imitateur de l'homme peut reproduire tous les sons que perçoit l'oreille, et alors il se disait que ceux-là n'avaient appris que des oiseaux, que de l'eau qui murmure, que du vent qui soupire, et qu'ils avaient fini, eux, sans maîtres, par donner à d'autres les leçons d'un art qu'ils avaient créé.

Cela encourageait Belair, mais il lui

fallait plus que des encouragements : l'esprit dévore. En deux ans il savait jouer sur sa guitare ce que jamais on n'a fait dire à cet instrument depuis Amphion de Thèbes jusqu'à Louis XIV, en passant par Iopas aux beaux cheveux. Mais Belair ne savait pas le nom d'une note, et pareil à M. Jourdain, son illustre contemporain, après qu'il eut deux ans composé et exécuté la plus admirable musique du monde, il apprit ce que c'était qu'une gamme en voyageant avec un vieil aveugle flamand qui râclait une mandoline, écorchant tous les airs connus pour un denier et ne se doutant guères qu'à ses côtés dormait sur le dos d'un enfant la guitare de Louis XIV, une pièce curieuse de marqueterie que biens des gens eussent payée dix mille livres, c'est-à-dire une fortune.

Gagnons rapidement l'époque à laquelle Belair devint un homme et se fit une réputation.

Neuf années se sont écoulées. Il a vingt-cinq ans; le roi Louis XIV en a cinquante-deux; madame de Fontanges, la belle duchesse, est morte empoisonnée un an après la scène du pavillon; madame de Montespan, disgraciée, se meurt lentement dans l'exil; madame de Maintenon, l'aînée du roi, règne sans plaisir; seule, la guitare a résisté au temps. Plus belle et meilleure que jamais, elle dort dans son étui doublé de velours, confiée aux soins de mademoiselle Violette, cette jeune fille que Belair pleurait au camp de Catinat.

Et si l'on veut savoir comment l'amour est entré dans le cœur de ces deux jeunes gens, qu'on se rappelle la beauté du musicien, sa grande âme qui se peint dans ses chants et dans ses yeux, on comprendra pourquoi Violette s'évanouit la première fois qu'elle l'entendit chanter. Maintenant si l'on réfléchissait que Violette a vingt ans, l'œil d'un bleu sombre sous des cheveux noirs, une taille de nymphe et la poitrine des sirènes, on devinerait facilement que son évanouissement flatta Belair comme un hommage rendu à la puissance de l'artiste et le séduisit comme preuve d'une sensibilité peu commune.

C'est là, en peu de mots, l'esquisse de deux personnages qui se dessineront beaucoup mieux quand nous déroulerons les pages de ce récit... Revenons au voyageur, à ce Belair, si obligeant, si allègre, qui galopait sur la route de France à raison de trente-cinq lieues par jour.

L'honnête garçon avait tenu sa parole

comme un Romain, et le soir du septième jour, il arriva, brisé, moulu, expirant, aux portes de la ville de Mézières, terme désiré du voyage.

Si fort qu'on puisse courir, si fort échauffé qu'on soit par les arçons et par une commission de M. de Catinat, on réfléchit sur la route et l'on se demande à quoi l'on s'expose quand on oblige un inconnu au risque de déplaire à M. de Louvois. Cependant Belair tant qu'il galopa, tant qu'il trotta, conserva presque tout son enthousiasme ; mais une fois arrivé, soit fatigue, soit ennui d'entrer en rapport avec des étrangers, il eut peur et ne s'informa qu'en tremblant du chemin qui menait au couvent des Filles-Bleues.

Son hôte le voyant disloqué comme une marionnette, l'engagea d'abord à souper, puis à se coucher, deux propositions qui firent le plus grand plaisir à Belair. Mais il commença par faire emplète d'un bon cheval qui se trouva dans l'écurie de l'hôte; il acheta aussi une bonne corde neuve d'environ 60 pieds, puis il soupa longuement: c'est un vice de voyageur ou de musicien; puis, après boire, il visita son nouveau cheval, roula sa belle corde, et monta dans une chambre au premier étage pour se coucher.

Le vin, qui égaie le cœur de l'homme

avait assombri celui-là. Belair en gravissant lourdement les degrés songeait à tant et de si durs chevaux qu'il avait montés depuis sept jours. Il pensait au bon M. de Catinat, chez qui l'on guitarait tous les soirs sans autre exercice. Il pensait à cette demoiselle inconnue pour laquelle, chevalier errant, il se disposait à rompre des lances et à risquer le gibet.

Que dirait Violette, si on pendait Belair pour un rapt! Idée triste, mais éminemment musicale que notre ami s'empressa de transporter dans une mélodie des plus touchantes, qu'il composa sur-le-champ sans paroles, en regrettant fort M. de Catinat, qui lui faisait un grand nombre de petits vers, n'importe à quel propos, mais toujours agréables.

En effet, ce héros qui, s'il n'eût pas été Catinat, eût pu être Lafontaine, rimait distraitement, mais intrépidement, dans toutes les circonstances.

Tout ce qu'écrivait Ovide était un vers, un vers était chaque pensée de Catinat.

Déplorable habitude, dont cependant le service du roi ne souffrit pas, quoi qu'en ait pu dire M. de Louvois, qui n'aimait pas les épées trop intelligentes.

Belair regrettait cette facilité du poète si douce au musicien. Il se rappelait le charmant échange de procédés des deux muses, alors que sous la tente, Euterpe mettait toutes vives en musique les improvisations de Polymnie. Galerie mythologique où Mars endormi n'était pas oublié.

Ce qui avait ravi M. de Catinat c'est qu'un soir, comme il lui était arrivé par mégarde de rédiger en un quatrain de douze et huit syllabes l'ordre suivant :

Touraine et la Marine avec Peysac dragons
  Auront assez de huit fourgons.
  Quant à Senneterre et Bretagne
Il leur faut des mulets pour passer la montagne.

Le général en chef, après avoir commis cet excès, s'aperçut en écrivant que c'étaient de vrais vers et en était aux inquiétudes, et s'apprêtait à déchirer l'ordre.

— Ah! monsieur, lui répliqua Belair, auquel il s'était confié, ah! monsieur, la bonne strophe; gardez-la moi?

— Bonne strophe!... Eh! que dira M. de Louvois, quand il apprendra que je parle en vers aux soldats de Sa Majesté?

—Monsieur, vous verrez que Touraine

et la Marine se contenteront des huit fourgons que vous leur assignez, bien qu'en vers; vous verrez aussi que les grenadiers de Bretagne et de Senneterre seront enchantés de monter sur des mules bien que vous ayez rimé l'ordre. Ces gaillards-là n'auront pas l'air de s'en apercevoir, et, en attendant, vous m'aurez fourni un chant admirable, tenez.

Là-dessus Belair avait pris sa guitare et appliqué à ces quatre abominations de vers une musique délicieuse. Il chanta d'une voix si mourante, avec des roulades si perlées et des modulations si rares le: *Auront assez de huit fourgons;* ces huit fourgons durèrent si long-temps avec les trilles, les points d'orgues, les cadences et les syncopes, que Catinat, émerveillé, répéta plusieurs fois: Mon Dieu, la musique est-elle une admirable chose! Qu'elle renferme de beautés secrètes! Où diable irait-on s'imaginer qu'il puisse y avoir tant de profonds sentiments dans ces *huit fourgons* du régiment de la Marine.

Ces souvenirs émurent le musicien. Depuis huit grands jours il n'avait pas aperçu l'ombre d'un instrument à cordes. Huit jours sans guitare, c'était pour Belair une privation équivalant à un jeûne de même durée. Toute la musique qu'il avait amassée pendant ces huit jours lui montait au cerveau, lui oppressait le cœur, bien plus encore que sa digestion ne lui occupait l'estomac.

Belair, mélancolique et saturé, se laissa choir sur le lit et promena un regard découragé sur tout ce qui l'entourait. Encore un moment et il cédait au sommeil avec l'ennui profond d'un lendemain qu'on redoute. Soudain ses yeux demi-clos aperçurent une convexité rougeâtre qui se dessinait sur la muraille. C'était une vieille mandore chevelue, à laquelle le temps et la sécheresse n'avaient laissé que deux cordes entières. Belair dans une joie ienxprimable, s'empara de l'instrument et se mit à jouer sur son lit avec une rage toute famélique.

C'était la nuit ; tout le monde dormait déjà dans l'hôtellerie. Belair, qui voulait partir de bon matin pour le couvent, avait payé sa dépense à l'hôte. Il était donc bien chez lui et sans remords. Il joua aussi fort et aussi passionnément que s'il eût eu à captiver un auditoire de rois et de généraux en chef. Belair jouait pour Belair. Ainsi, les rossignols chantent la nuit leurs plus doux chants, sans espérer qu'on les entende. Mais l'oiseau a la prudence de se taire quand il ne veut point qu'on le reconnaisse, et Belair qui avait tant de raisons de se dissimuter, ne s'aperçut pas qu'il pouvait se trahir par son talent : il continua de jouer jusqu'au délire.

En ce moment, deux hommes passaient à cheval sur la route. L'un précédait de quelques pas; il allait gravissant lentement la côte au milieu de laquelle était située l'hôtellerie. La tête basse comme si elle eût porté des secrets trop lourds, il laissait le cheval se gouverner lui-même.

L'autre, carré, ventru, la poitrine effacée, le nez au vent, ne réussissait, malgré toutes ses tentatives de prestance, qu'à paraître un grand laquais qui suit son maître. Par instants il secouait sa tête comme pour l'enchâsser plus correctement dans ses épaules, et, de sa main droite, armée d'une houssine, il dessinait dans le vide une foule de petits moulinets et d'arabesques se terminant inévitablement par une rapide extension de l'avant-bras. Ce jeu durait depuis quelques minutes, lorsque les deux voyageurs passèrent devant l'hôtellerie que Belair était en train d'emplir d'harmonie.

L'homme à la tête penchée continua sa route sans prendre garde à rien ; mais le grand découpeur d'atmosphère dressa l'oreille et interrompit subitement ses exercices. Cinq secondes après il arrêta son cheval pour mieux entendre ; puis le poussant des deux talons, il rejoignit son compagnon rêveur.

—Monseigneur! dit-il d'une voix brève et basse.

— Eh bien, quoi, M. La Goberge?

— Daignez écouter, monseigneur. Là, dans cette hôtellerie.

— Un boyau qui grince?

— Une guitare.

— Et quand ce serait une guitare, que m'importe, à moi ?

— Monseigneur ne reconnaît donc pas la seule main qui soit capable en Europe de manier ainsi cet instrument ?

Le cavalier au visage noble et froid, chercha distraitement sans répondre.

— Belair ! murmura plus bas encore La Goberge !

A ce nom, les traits accentués du cavalier se rembrunirent jusqu'à la colère

— Tu crois? dit-il.

— Fermement, monseigneur.

— Il aurait osé rentrer en France? Non, c'est impossible, il est au camp de Catinat. Tu te trompes, passons!

— Eh! monseigneur, tout-à-l'heure je reconnaissais son doigter, maintenant, je reconnais sa voix; il chante.

— Tais-toi, répondit le cavalier, gagnons au plus vite, près des Filles-Bleues, cette cabane de bûcheron où tu te caches depuis huit jours après la faction du matin. Il faut que j'arrive là vers minuit, que je fasse mon courrier, que je dorme une heure, et qu'à partir de quatre heures je monte avec toi la dernière garde au bas de cette terrasse.

Puis, se parlant à lui-même :

— Oh oui! la dernière ; et j'aime à croire qu'elle sera inutile comme les autres. Cependant, il faut tout prévoir; récapitulons : ce Gérard de Lavernie a dû recevoir la lettre d'Antoinette le 17 au soir; Catinat peut lui avoir donné un congé. Il est possible de venir de Pignerol ici en sept journées ; nous verrons cela demain entre 4 et 5 heures... — En route, La Goberge ; grands pas !

— Quel dommage! grogna le pourfendeur en redoublant ses zigzags aériens.

Et tandis que le maître poussait en avant, La Goberge ne cessa de se retourner et d'écouter aussi long-temps qu'il put apercevoir l'hôtellerie, qu'un pli de terrain déroba enfin à ses yeux.

IV

ANTOINETTE DE SAVIÈRES.

Le couvent des Filles-Bleues s'élevait à une lieue environ de l'hôtellerie dans laquelle se reposait Belair, à une lieue et quart de la ville.

C'était un vaste bâtiment à toits aigus,

percé d'une quantité de petites fenêtres, ayant vue toutes sur l'admirable vallée de la Vence, qui leur envoyait l'arôme de ses prairies, la lumière et la fraîcheur, et le bruit de ses ruisseaux, triste compensation des parfums de la cour et des bruyantes clartés du monde que les religieuses ne devaient plus revoir.

La maison était fermée de grands murs par trois de ses côtés. A l'orient, les potagers, les vergers; les bois au sud; les cours au nord; à l'est, sur le même plan que le bâtiment principal, une immense terrasse bordée de buis gigantesques, abrités par un mur à hauteur d'appui.

Abrités, disons-nous, quant aux racines;
car leurs cîmes s'élançaient vigoureusement au-dessus de ce mur, impatientes
de s'appeler arbres et de boire le grand
air. Mais le ciseau infatigable du jardinier les rognait et les forçait de s'élargir
par la base; de sorte qu'après tant d'années ils avaient formé un second mur de
souches et de rameaux, mur trapu, impénétrable, large de deux pieds au moins
et habité par tout un monde de belettes,
de mulots, de lapins, de hérissons, qui
dans une paix profonde élevaient leurs
familles patriarcales aux dépens du véritable mur qu'ils avaient transformé en
catacombes.

Mais le lapin et le hérisson savent abuser comme les hommes : à force de creuser, quelques-uns de ces usurpateurs avaient expulsé la terre du mur et s'étaient pratiqué des fenêtres. Or, comme en bas de cette terrasse passait, à douze pieds environ, un large sentier verdoyant qui menait aux vignes les ânes du village, parfois une de ces pierres grignotée et limée comme la pierre ponce, se détachait de son cadre, et l'on voyait apparaître à sa place le museau mobile d'un lapin qui prenait l'air, ou le grouin noir d'un hérisson mélancolique qui levait le plan de la vallée.

Cette muraille ainsi habitée se dégradait à certains endroits, sans avoir éveillé les inquiétudes du couvent. La supérieure des Filles-Bleues n'avait jamais remarqué de rôdeurs autour de ses clôtures. Nul pied de galant ou de voleur n'avait transformé en degrés d'escaliers les excavations qui émaillaient cette muraille.

Jamais, non plus, les religieuses, spectres silencieux qui se promenaient par groupes le long de la terrasse aux buis, n'avaient aperçu dans le chemin d'autres hommes que les villageois trop courbés sous les fardeaux pour pouvoir lever la tête.

Et d'ailleurs cette promenade n'était

permise qu'aux vertus éprouvées. La jeunesse, moins sûre, était parquée dans les jardins à l'intérieur, sous des quinconces faciles à surveiller, dans les cours : jamais une novice n'allait aux buis sans être accompagnée, à moins qu'elle ne fût près de faire profession, auquel cas, selon les usages du cloître, elle jouissait pendant les derniers huit jours d'une complète liberté.

En mars 1690, six mois avant le commencement de cette histoire, un courrier, monté sur un cheval écumant s'était arrêté à la grille du couvent des Filles-Bleues et avait remis à la supérieure une lettre ainsi conçue :

Madame la supérieure des Filles-Bleues
de Mézières;

« Vous recevrez mademoiselle Antoinette de Savières, jeune fille de noblesse, orpheline, âgée de dix-sept ans. Elle entrera en religion aussitôt qu'elle sera suffisamment instruite et disposée. Elle ne verra, ne recevra personne du dehors. Tout ce qu'elle pourra écrire sera envoyé immédiatement au ministère de la guerre par ordre du roi.

» Signé : MICHEL LOUVOIS. »

P. S. Vous écrirez au bas de cette lettre le reçu des trois mille livres que le porteur vous remettra; vous rendrez la lettre. La pensionnaire arrivera au couvent deux heures après que le courrier en sera parti.

« Il vous est enjoint, madame, de laisser ignorer absolument à tout le monde et surtout à la jeune fille ce bienfait et cette protection du roi. »

La supérieure, frappée de crainte à l'aspect du nom de Louvois qui commandait le respect dans toute l'Europe, obéit, reçut l'argent, rendit la lettre et congédia le courrier.

Elle attendit la pensionnaire, mais les deux heures fixées se passèrent, puis quatre, puis le reste du jour et la nuit tout entière sans que la jeune fille parût.

Il était arrivé en chemin à mademoiselle Antoinette de Savières cent événements que M. de Louvois n'avait pas prévus, lui qui passait pour tout prévoir dans ses plans de campagne.

Qu'on se représente au milieu du chemin encaissé de Givry en Argonne à Elize un carrosse fermé de rideaux en cuir, traîné par deux vigoureux chevaux et conduit par un paysan épais qui devait avoir eu grand peine à se percher sur le siége.

Dans ce carrosse était assise, modestement inclinée, le bras passé dans une des courroies de la portière, le regard plus triste qu'indifférent, une grande et belle jeune fille, mademoiselle Antoinette de Savières. On n'oublie pas une semblable figure quand on l'a une fois aperçue. C'étaient de longs yeux noirs, dont la prunelle chatoyante nageait dans un fluide d'azur, des sourcils dessinés comme deux arcs, et qui se joignaient au moindre tressaillement d'un front d'ivoire, une bouche qui accusait dans son modelé riche et délicat à la fois, la passion, l'es-

prit et la circonspection ; c'était l'ovale
parfait d'un visage tellement uni dans sa
mate blancheur, qu'on eût dit que jamais
il n'avait vu le soleil. La main qui pendait hors de l'anneau formé par la cour-
roie grossière, était longue, fine ; elle attendait l'embonpoint de ses vingt ans
pour ressembler aux divines mains du
Corrège. La pose si chaste et si abandonnée tout ensemble que cette belle fille
avait prise dans le carrosse révélait des
épaules jeunes et fermes, dignes d'attacher les plus beaux bras du monde, et
de ces épaules arrondies, jusqu'aux pieds
qui dépassaient la robe de laine brune,
toutes les lignes de ce corps étaient harmonieuses et pures à tel point que jamais

dans leur perfection le statuaire n'eût même osé soupçonner la volupté.

Le carrosse allait lentement, non qu'il fût trop lourd ou que les chevaux n'eussent assez de vigueur pour le faire voler sur la route, mais parce que cette route était coupée d'ornières profondes, et que le paysan ménageait ses chevaux qui avaient encore vingt lieues à faire pour arriver au couvent des Filles-Bleues.

Il était neuf heures du matin. Un soleil de printemps perçait les nuages immobiles. Il avait plu beaucoup la veille, et cette chaleur inusitée exprimait de la terre et des arbres une odeur de sève qui enivrait.

Le paysan s'endormit sur son siége. La jeune fille rêveuse ne s'aperçut point que les chevaux quittant la route entraient dans un chemin de traverse assez profond, assez étroit, aux deux côtés duquel était creusé un fossé. Dans ce chemin, la marche était plus difficile encore que sur la route, car il était plus humide et plus sillonné d'ornières. Les chevaux s'ennuyèrent de leur escapade, et après s'être concertés à leur façon, résolurent de revenir au grand chemin. Ils tournèrent si brusquement et si court, qu'ils entrèrent dans le fossé; les roues de devant y tombèrent avec eux. Le cocher s'éveille, la peur le prend, il fouette les chevaux ; ceux-ci s'imaginent qu'on leur demande de grimper sur le revers du fossé à six pieds, ils s'élancent furieux le long de ce talus.

Si le temps eût été sec et le terrain ferme, nul doute qu'ils n'eussent enlevé le carrosse sur cette pente, mais les roues s'enfonçaient dans une terre argileuse ; impossible de les faire remuer. Un des chevaux s'abat de côté, roule dans le fossé, entraîne l'autre qui tombe sur son compagnon en brisant le timon et l'avant-train du carrosse. Avec cet avant-train s'écroule le siége du paysan, qui est pré-

-cipité lui-même entre les chevaux abattus ; tout cela roule, se débat et disparait à moitié sous une couche épaisse de terre délayée, d'herbes déracinées.

Voilà un très-grand malheur arrivé en une demi-minute et si le carrosse ne se fût incrusté et scellé miraculeusement dans la glaise, tout périssait broyé le long de ce talus par des chevaux que la douleur et la terreur avaient rendus fous.

La jeune fille n'avait pas eu le temps de voir le danger. Au choc des roues dans le fossé, elle poussa un cri ; puis voyant que le carrosse demeurait immobile, elle essaya d'ouvrir la portière pour descendre. La portière calfeutrée par un amas de terre, résista. Antoinette aperçut alors le pêle-mêle affreux des chevaux qui lançaient de furieux coups de pied ; elle entendit les gémissements étouffés du paysan. Puis tout s'éteignit, et elle se vit enfermée dans cette boîte inamovible, seule, en proie à une terreur qui redoublait à chaque secousse imprimée au carrosse, à chaque rugissement des chevaux.

Tandis que par la portière de droite elle appelait au secours, sans que nul répondit dans cette campagne déserte, elle entendit le galop d'un cheval à sa gauche, et elle vit s'encadrer subitement dans la fenêtre du carrosse une figure de jeune homme, qui s'écria :

— Bon Dieu! une femme là-dedans!

Antoinette transportée de joie:

— Au secours! au secours! dit-elle.

Et ce fut tout ce qu'elle put articuler. À la terreur venait de succéder un autre sentiment. Ces deux personnes en se regardant oubliaient, l'une son danger, l'autre son inquiétude, et elles continuaient de se regarder avec une surprise qui eût fait de ces deux figures le plus charmant tableau du monde.

Le jeune homme, — c'était Gérard de Lavernie, — fut le premier qui revint à la situation.

— Hélas! madame, dit-il, n'êtes-vous point blessée?

— Non, monsieur, je ne crois pas; mais Sidoine!... mais les chevaux!...

—Quoi! il y a un homme dans ce fouillis! ajouta Gérard

— Le cocher... Sidoine ; il gémissait tout-à-l'heure.

— Diable, diable ! il ne gémit plus, murmura Gérard, voyons donc cela.

Et, en s'approchant, il distingua le malheureux paysan enseveli à moitié sous les chevaux. Il voulut le dégager, mais aussitôt les chevaux recommencèrent leurs ruades et leurs râlements ; Sidoine ne bougea pas. Gérard fronça le sourcil.

— Un homme mort ! pensa-t-il. Cela va bien épouvanter cette jeune dame ; et il revint au carrosse.

— Eh bien! monsieur, dit Antoinette avec anxiété.

— Eh bien! madame, je crois M. Sidoine bien mal dans ses affaires.

— Oh! mon Dieu.

— Ne vous effrayez pas... essayez un peu de sortir d'ici, et vous verrez.

— J'ai essayé en vain.

— Oui, la portière est embourbée, je vais la dégager.

Et le jeune homme détacha son ceinturon d'épée qu'il alla pendre à l'arçon de de son cheval, attaché à un arbre; il releva ses manchettes de batiste, ôta ses gants et s'apprêta bravement à fouiller la glaise avec deux belles mains blanches.

— Oh! monsieur, je vous en prie, s'écria Antoinette qui en eut pitié.

Gérard s'arrêta.

— Il y aurait bien un moyen, dit-il; vous êtes mince et légère, madame, et vous passeriez facilement par la portière...

si je vous aidais un peu... Vous hésitez...
C'est juste... Attendez, attendez, je vais
avoir enlevé bien vite ce quartier de
terre molle.

— Non, monsieur, j'attendrai que vous
appeliez un paysan quelconque, et avec
une pioche, sans vous salir...

— Madame, il n'est pas prudent d'attendre ; si par malheur les chevaux se relevaient, ils briseraient tout.

— Je passerai donc, Monsieur, interrompit Antoinette avec résolution.

Et elle se leva dans le carrosse.

— Voici le moyen, madame ; veuillez me tendre vos bras, et je vous attirerai dehors ; je suit fort, n'ayez aucune crainte.

Elle rougit, il rougit lui-même. Elle tendit ses bras timidement en baissant les yeux, il s'approcha d'elle et la prenant sous les épaules, l'enleva comme si elle eût été une ombre diaphane. Mais Gérard ne put empêcher que dans ce mouvement la joue d'Antoinette n'effleurât ses cheveux, que les deux bras de la jeune fille ne vinssent rouler autour de son cou ; il ne put empêcher que dans le contact de leurs poitrines, la double palpitation de la vie ne fît jaillir une secousse électrique jusqu'à leurs cœurs, et alors le sang disparut des joues d'Antoinette qui chancela et fut obligée d'appuyer sa main sur le carrosse, et alors Gérard lui-même se sentit trembler et se détourna pour cacher un trouble dont il n'était plus le maître.

—Maintenant, dit-il, en se remettant, vous êtes tout à fait sauvée, madame, et je vais m'occuper de l'homme et des chevaux.

Antoinette ne répondit pas.

— Ces chevaux suffoquent ; le collier

les étrangle, continua Gérard ; leurs traits les blessent, il faut couper les traits.

Il s'avança vers le fossé, un couteau à la main, les chevaux ruant toujours.

— Monsieur, monsieur, vous vous ferez tuer, s'écria la jeune fille en le retenant.

—Pardon, madame, mais il faut savoir dans quel état se trouve le pauvre homme ici gisant; pardon !

Il écarta doucement le bras d'Antoinette et se mit avec adresse à tirer Sidoine du milieu des chevaux. Il y parvint grâce à sa vigueur et à son sang-froid, et posant sa main sur le cœur du paysan :

— Seulement évanoui, dit-il, Dieu soit loué ! Aux chevaux maintenant.

Et coupant les traits, les rênes, les courroies, il rendit la respiration et la liberté aux chevaux qui se relevèrent et se secouèrent longtemps avec des hennissemens de joie.

Puis, comme s'il ne se fut rien passé pour eux, ils attaquèrent bravement l'herbe déjà longue qui couronnait le revers du fossé.

—Quant à ceux-là, dit Gérard, j'en réponds ; mais je crois bien que votre cocher Sidoine a deux ou trois côtes compromises. Si vous voulez, madame, attendre ici quelques moments, je vais monter à cheval et chercher dans les environs un chirurgien pour l'homme, un charron pour le carrosse, et un cordial pour vous, car vous êtes bien pâle.

Gérard n'eut pas plutôt parlé à Antoinette de sa pâleur qu'elle redevint rouge. Il avait déjà un pied dans l'étrier, lorsqu'au détour de cette traverse quatre paysans passèrent, conduisant du foin sur un de ces chariots étroits, longs, comme on les fait encore en Alsace. Gérard les héla d'une voix perçante. Ils se retournèrent, laissèrent le chariot sur la route et accoururent.

Cependant, Gérard avait fait revenir à lui Sidoine, mais le pauvre homme n'avait repris connaissance que pour sentir sa douleur, et malgré toute l'eau dont la jeune fille lui arrosait les tempes, malgré le flacon qu'elle lui tenait ouvert sous les narines, il était retombé dans son évanouissement, après avoir jeté un cri lamentable.

Les quatre paysans tirèrent du fossé la voiture encore en état de rouler ; ils nettoyèrent les chevaux, et, quand ils eurent fini, attendirent qu'une idée arrivât soit à Gérard, soit à Antoinette.

Celle-ci fondait en larmes.

— Madame, dit Gérard, veuillez m'exprimer vos intentions et me donner vos ordres, et avant tout faisons porter le blessé au plus prochain village.

— Oui, monsieur, oui, répliqua Antoinette toute étourdie.

— Eh bien! mes amis, ajouta Gérard en s'adressant aux paysans ; mettez ce pauvre homme dans le carrosse auquel vous attellerez un seul cheval avec des cordes, et conduisez-le à Dommartin. Voici un louis dont vous donnerez la moitié au barbier pour les premiers soins ; nous allons vous suivre tout doucement, madame et moi. Allez.

Le carrosse partit lentement, escorté par les quatre hommes. Gérard et Antoinette restèrent seuls sur le chemin.

— Voyons, madame, dit Gérard, avez-vous pris une résolution?... êtes-vous remise?... Vous ne répondez pas, l'émotion vous oppresse ! Vous craignez pour la vie du brave Sidoine?... Vous regrettez de ne pouvoir continuer votre route dans le carrosse... vous retourniez chez vous, sans doute?... Peut-être avez-vous peur que ce retard n'inquiète... madame votre mère... ou... monsieur votre mari ?...

Gérard fut interrompu au milieu de ses questions délicates par une explosion de sanglots.

— Je vous en supplie, s'écria-t-il, madame, parlez ! J'espère que je n'ai pas eu le malheur de vous déplaire. Dites-moi promptement où je dois vous accompagner, et je vais prendre congé de vous.

— Eh! monsieur, répliqua Antoinette en séchant ses larmes, que ferais-je si vous me laissiez seule? Je ne connaissais au monde qu'une seule personne, et on vient de l'emporter tout-à-l'heure, blessée, mourante... Sidoine est mort peut-être à présent. Vous me regardez avec surprise, monsieur. Je vous ai dit pourtant toute la vérité.

— Vous ne connaissez au monde que ce Sidoine; mais vos parens?

— Je n'en ai pas.

— Vous les avez perdus?

— Je ne les ai jamais connus. Pendant longtemps j'ai cru que j'avais une mère. Une femme m'avait élevée; elle ne m'avait jamais quittée. Je dois à ses soins le peu que je sais, c'est elle qui m'a appris à prier Dieu, c'est elle qui m'a parlé du monde que jamais je n'avais entrevu. Car nous habitons, elle et moi, une petite maison au bas des montagnes d'Argonne, servies par une paysanne qui est la sœur de ce garçon Sidoine, notre serviteur aussi. Il paraît que j'ai dix-sept ans, monsieur, et depuis tant d'années, je n'ai pas vu quatre visages étrangers.

La femme qui m'élevait est tombée malade il y a environ quinze jours. Dès la première invasion du mal, elle a écrit une lettre à Paris; un courrier est venu chez nous assez à temps pour voir expirer cette femme, que j'appelais ma mère. Avant de mourir, ma mère en brûlant la lettre que le courrier avait apportée pour elle, ordonna au paysan, à Sidoine, de louer un carrosse et de me conduire au couvent des Filles-Bleues, à Mézières, puis elle mourut et Sidoine m'a emmenée. J'allais à ce couvent lorsque vous nous avez sauvés dans le chemin. Si ce pauvre Sidoine est mort, vous voyez bien, monsieur, que je connais plus personne, et que je suis toute seule en ce monde.

Gérard demeura pensif, stupéfait de ce qu'il venait d'entendre. Il prit la jeune fille par la main et la fit asseoir sur un tertre qu'il avait couvert de son manteau. Puis s'asseyant lui-même à deux pas d'elle :

— Quelle lugubre existence, dit-il. Il y a là quelque mystère ou quelque malheur. Vous l'avez pensé, n'est-ce pas, mademoiselle ?

— Je le crois.

— Et cette femme, vous la regrettez, c'est elle que vous pleurez !

— Il m'est impossible de voir d'un œil sec se rompre une si longue habitude. Cependant, j'ai été si malheureuse et si maltraitée dans ma première enfance, que le souvenir m'en a poursuivie toujours, et que j'ai constamment gardé un cœur froid pour celle à qui je donnais le doux nom de ma mère.

— Elle vous maltraitait?

— A tel point que souvent, depuis, en me rappelant les regards furieux de cette femme, l'espèce de haine persévérante dont elle m'assiégeait, les coups, les duretés qu'elle entassait sur moi, pauvre enfant, je me suis demandé si elle n'espérait point de me voir succomber à tant de misères. Puis, plus tard son œil s'est adouci; j'étais grande, j'avais subi le passé avec une résignation dont peut-être elle s'était sentie touchée, alors elle m'a fait apprendre à lire, elle m'a enseigné les éléments de tout ce qu'elle savait elle-même, elle m'a fait donner des leçons par un vieux curé irlandais, notre plus proche voisin dont le presbytère était à une lieue de chez nous. Et puis, elle cherchait de temps en temps à m'inspirer des sentiments au-dessus de notre condition. Elle me répétait que Dieu opère des miracles, qu'il tira Joseph de l'humilité pour en faire un puissant seigneur.

Elle me demandait quelle serait ma conduite envers elle si, un jour, je devenais riche et honorée. Cependant elle affectait de me traiter avec plus de considération et parfois m'appelait mademoiselle. Ma mise n'était point celle des enfants de la campagne, que parfois j'entrevoyais. J'ai toujours porté l'habit propre et l'on m'a servie avec égard. J'ai toujours vu de l'argent à la maison, bien plus d'argent qu'on n'en dépensait.

— Cette femme ne vous a-t-elle point parlé de vos parents de façon que vous comprissiez quelque chose ?

— Jamais.

— Vous portez un nom ?... pardonnez-moi.

— On m'appelle Antoinette.

— Et... c'est tout ?

— Oui, répliqua la jeune fille. Pourquoi ?

— C'est qu'ordinairement on a deux noms, mademoiselle ; le sien, et celui de ses parens.

— Puisque je n'ai pas de parens, dit simplement Antoinette.

Gérard attacha sur cette jeune fille un regard profondément scrutateur. Elle le soutint fermement d'abord, puis baissa les yeux. Elle devinait que le regard du jeune homme, après avoir été sonder l'âme, était revenu à la surface et n'examinait plus que la beauté.

— Ne dites-vous pas, reprit-il, que depuis votre enfance vous n'avez vu personne.

— Quatre à cinq personnes, monsieur, le vieux curé, la femme d'un gentilhomme qui parfois nous rendait visite, et deux ou trois étrangers qui ont passé.

Il se fit un nouveau silence entre les deux jeunes gens, Gérard le rompit encore.

— Vous êtes heureuse? dit-il.

— Pas tout-à-fait, car j'ai encore le regret d'avoir vu mourir ma gouvernante. Cependant, mon chagrin s'effacera parce qu'il n'est pas bien profond, et comme je vais au couvent des Filles-Bleues, où je trouverai des compagnes, comme enfin, j'aurai là une société dans laquelle j'apprendrai tout ce que j'ignore, comme je me promets de choisir bien vite parmi ces dames la plus belle et la meilleure pour avoir une amie, si vous saviez, mon-

-sieur, comme je serai heureuse !... moi que personne n'a jamais aimée !

Gérard se releva non sans avoir encore une fois regardé avec une triste admira- ration cette parfaite beauté que le cloître allait engloutir.

— Si vous vous fussiez trouvée malheu- reuse, dit-il, mademoiselle, je vous eusse proposé, puisque vous êtes tout-à-fait li- bre, de vous conduire chez ma mère ; nous habitons à sept lieues d'ici. Ma mère vit toute seule chez elle ; je l'ai quittée ce matin, pour me rendre à l'armée d'Italie ; vous eussiez trouvé près d'elle la société que vous désirez, vous eussiez rencontré l'amie que vous rêvez, car nulle femme en ce monde n'est aussi belle et aussi bonne que ma mère.

Il s'arrêta pour attendre la réponse.

— Je vous suis bien reconnaissante, dit la jeune fille, mais on m'attend chez les Filles-Bleues, où ce pauvre Sidoine a reçu l'ordre de me conduire.

Gérard s'inclina et n'insista pas.

—Alors, dit-il, mademoiselle, nous allons, si vous vous en sentez la force, rejoindre le carrosse qui a conduit votre cocher au village. C'est assez loin, je vous en préviens, il y a près d'une lieue.

—Je marche bien, répondit Antoinette.

Gérard prit son cheval par la bride, et, sans rien ajouter, suivit la jeune fille dans la direction du village.

Arrivés là, ils apprirent que le frater avait jugé très-grave la situation du blessé, saigné deux fois, prescrit un repos absolu et interdit positivement le voyage avant un mois.

Gérard put se convaincre de la justesse de ces diagnostics.

Sidoine, en proie à une fièvre violente, délirait sur le lit où on l'avait placé.

Gérard amena la jeune fille au chevet du malheureux et lui expliqua la situation.

— Vous voyez, dit-il, qu'il ne faut pas songer à vous mettre en route. Je vous réitère ma proposition, le château de Lavernie n'est qu'à sept lieues et demie d'ici ; je puis vous y conduire. Ce sera une double joie pour ma mère de vous recevoir et de m'embrasser encore, moi qu'elle croit déjà bien loin; acceptez. Vous dites qu'on vous attend aux Filles-Bleues, mais qui cela?

Antoinette répéta doucement mais avec une fermeté qui frappa Gérard:

— On m'attend.

— Enfin, comment irez-vous? le carrosse est brisé, vous n'avez peut-être pas beaucoup d'argent?

— Je n'en ai pas du tout, mais Sidoine doit en avoir.

Gérard ne trouva rien dans les habits de Sidoine, et il jeta un regard soupçonneux sur le barbier qui l'avait déshabillé pour le coucher. Mais une idée lui vint. Il sortit pour visiter le carrosse, et dans le fond du coffre il ramassa un petit sac de cuir renfermant vingt-cinq louis d'or, une somme considérable, eu égard à la médiocrité de l'équipage et au peu de durée de la route.

— En effet, mademoiselle, dit-il en revenant à Antoinette, voici le trésor de Sidoine, et vous aurez plus qu'il ne vous faut pour aller jusqu'au couvent.

— Il faut laisser cet argent ici pour

que le pauvre garçon soit bien soigné, dit Antoinette avec une générosité qui fit plaisir à Gérard.

— Mais vous!

— Oh! moi...

— Vingt lieues, mademoiselle!

— Le carrosse a bien roulé du fossé jusqu'ici, pourquoi ne roulerait-il pas d'ici aux Filles-Bleues?

— Parce que le timon est brisé, et que

rien ne retiendrait la voiture dans les descentes.

— Comment alors, Monsieur, vous qui me proposiez si obligeamment d'aller chez madame votre mère, comment comptiez-vous que je ferais le chemin?

— Des deux chevaux du carrosse vous eussiez monté l'un, moi j'ai ma monture. Un coussin du carrosse bien sanglé sur ce gros cheval gris, vous constituait la meilleure selle du monde.

— Alors, s'il m'est possible de monter ce cheval, pourquoi ne m'en servirais-je pas pour aller au couvent...

— Seule?

— Je donnerai un louis au guide qui m'accompagnera sur l'autre cheval.

— Singulière enfant, pensa Gérard; elle ne sait rien des choses de ce monde, et rien ne l'étonne.

— Est-ce que j'ai tort? demanda Antoinette.

— Bien au contraire, mademoiselle; seulement je pensais que vous faire ainsi accompagner par un inconnu, par un manant...

— Eh bien! dit-elle avec un sourire de bonne grâce et d'innocence, que ne venez-vous avec moi, vous-même?

La plus folle idée, la plus vulgaire, la plus incompatible avec cette noble figure qu'il avait en face de lui, traversa l'imagination de Gérard.

— Serait-ce une aventurière, pensa-t-il, et m'a-t-elle conté cette invraisemblable histoire sachant bien que Sidoine ne la pourra démentir.

— Mademoiselle, répliqua le malheureux avec une brusque froideur, j'ai eu l'honneur de vous dire que je m'en vais à l'armée, j'ai hâte, et vingt lieues au rebours de ma route m'enlèveraient deux jours à peu près.

Antoinette eût pu s'offenser, se formaliser, tout au moins, mais non. Ses riches sourcils noirs ne se froncèrent pas. Nulle contraction ne plissa ses lèvres.

— Vous eussiez perdu le même temps à me conduire chez madame votre mère, dit-elle tranquillement. Mais puisque vous ne pouvez pas sacrifier ces deux jours, j'irai seule, ou avec le premier venu, au couvent des Filles-Bleues, et je ne vous serai pas moins reconnaissante de tout ce que vous avez fait pour moi depuis tantôt.

En disant ces mots, elle plongea son petit poing dans le sac de cuir, et en tira, sans compter, des pièces d'or qu'elle donna au chirurgien du village, avec les plus vives recommandations pour que Sidoine fût bien soigné et reconduit chez lui dès qu'il pourrait souffrir le transport.

Elle ordonna qu'on assujettît sur l'un des chevaux le coussin dont Gérard avait parlé, choisit avec infiniment de sagacité parmi les figures présentes celle qui offrait le plus de garanties, et qui en effet eût rassuré Lavater lui-même; c'était un beau garçon de vingt ans, à l'œil bleu, limpide, au front ouvert, au franc sourire.

—Voulez-vous, dit-elle, gagner un louis d'or en me conduisant aux Filles-Bleues de Mézières, et en ramenant ici le cheval que j'aurai monté?

— Oui dà, de tout mon cœur, mademoiselle, répliqua vivement le jeune homme, et j'aurai bien soin de vous en route.

— Partons alors, continua Antoinette

qui fit une longue et belle révérence à Gérard, et le laissa dans la chambre tout abasourdi de cette candeur, ou de cette rouerie, flottant de l'une à l'autre des deux idées, et le plus gêné, le plus désarçonné de tous les hommes.

Il n'avait pas encore réuni toutes ses facultés, il n'avait pas encore déraciné ses pieds du carreau où la stupeur les avait fixés, quand il entendit claquer dans la cour du frater le fer des chevaux d'Antoinette.

Il courut à la fenêtre; le coussin était déjà lié sur l'échine puissante du gros cheval. Le beau garçon à l'œil bleu tendait sa main en guise d'étrier à la voyageuse. Elle y plaça un pied charmant et sauta comme un oiseau sur le cheval. Gérard, de sa fenêtre, vit en effet le paysan commencer son rôle d'attentif. Celui-ci improvisa une planchette soutenue par deux courroies pour que les pieds d'Antoinette s'y reposassent commodément; il visita le mors de la bride, fixa sur son cheval à lui une petite valise que la jeune fille avait dans le carrosse, et grimpant à crû sur sa bête, il sortit d'abord de la maison attirant après lui la monture de sa nouvelle maîtresse.

Celle-ci, lorsqu'elle eut dépassé le seuil,

salua encore le chirurgien, les autres paysans, leur recommanda une dernière fois Sidoine, et s'éloigna au milieu des saluts très-humbles et très-sincères que ces braves gens, beaucoup meilleurs physionomistes qu'on ne le croit généralement, ne pouvaient refuser à tant de bonté simple, à tant de beauté pure.

Antoinette jeta les yeux jusqu'au premier étage, et vit à la fenêtre notre Gérard de plus en plus stupéfait, de plus en plus immobile, qui la regardait s'éloigner sans avoir l'air d'y rien comprendre. Elle lui envoya un sourire capable d'anéantir le peu de sens commun qui lui restait ;

elle lui fit de la tête un charmant salut auquel il ne répondit point, béant et stupide qu'il était. Cependant le cheval s'éloignait toujours, et disparut tout-à-coup au tournant de la route.

Gérard, dès qu'il ne vit plus rien, sembla retrouver toute sa raison. Il s'arracha de cette fenêtre sans même faire attention au pauvre Sidoine, descendit en deux bonds les douze marches de l'escalier de bois, se jeta sur son cheval qui s'impatientait dans la cour et galopa comme un fou sur les traces de la voyageuse.

Mais à peine le jeune homme fut-il en selle que le premier mouvement si noble et si franc fit place aux scrupules que donne la triste éducation du monde.

Gérard se demanda s'il n'aurait pas l'air d'un sot ou d'un homme qui se repent, — si la jeune fille ne triompherait pas de son retour. En un mot, il appliqua une pauvreté sur sa sottise, il chercha un prétexte à sa résipiscence.

Ce prétexte, malheureux comme tout devait l'être à partir de ce faux raisonnement, ce fut le sac de cuir que Gérard avait trouvé dans le carrosse, que la jeune fille avait vidé pour payer le chirurgien, qu'elle avait jeté ensuite sur une commode, et que Gérard avait machinalement ramassé pendant ses perplexités au départ d'Antoinette.

Ce petit sac dont il sentit l'épaisseur dans sa poche, lui parut une merveilleuse raison de courir après la voyageuse. Tout ravi d'avoir fait cette trouvaille, Gérard ne fut pas long à retrouver Antoinette ; il l'aperçut du haut d'une petite colline que son cheval éperonné vivement avait montée en une minute.

La jeune fille, entendant ce galop rapide derrière elle, se retourna. Gérard était déjà à ses côtés.

— Excusez-moi, dit-il, mademoiselle, mais vous avez oublié quelque chose chez le chirurgien, et je vous le rapporte.

— Je n'ai rien oublié du tout, ce me semble, répondit Antoinette.

Gérard lui tendit le petit sac de cuir.

—Ah bien! mademoiselle a une fameuse chance, tout d'même, s'écria le grand garçon en riant: dire que l'on court si fort après elle pour lui rapporter un sac vide!

Tant de naïveté ou de perspicacité irrita

Gérard, il poussa son cheval entre celui d'Antoinette et celui du gars.

— Passe derrière, dit-il, d'un ton bourru, et il se mit au pas avec Antoinette silencieusement; alors elle le regarda d'un air étonné :

— Eh bien, monsieur, dit-elle, vous oubliez que ce n'est pas votre chemin.

— Il faut que vous me pardonniez, répliqua-t-il; j'ai été incivil envers vous, et je m'accuse humblement. La réponse que je vous ai faite chez le chirurgien m'était inspirée par des idées entièrement opposées à celles que j'ai en ce moment.

—Ah! dit-elle en cherchant à comprendre.

— Un homme de mon nom, et de mon éducation ne laisse pas sur les chemins, dans l'embarras, une femme quelle qu'elle soit; à plus forte raison vous, mademoiselle.

— Pourquoi!

Ce pourquoi troubla toutes les idées de

Gérard ; il fut dit avec une telle sincérité, avec un œil si limpide, que le jeune homme n'y démêlant aucun dépit, aucun triomphe, dut se convaincre de la parfaite indifférence avec laquelle avaient été accueillis son refus chez le chirurgien, et son retour sur la route.

Cependant il fallait y répondre, à ce pourquoi ; un homme répond toujours.

— Parce que, mademoiselle, dit-il, au cas où un malheur, un accident, un simple désagrément même arriverait à une personne telle que vous, la responsabilité serait douloureuse pour celui qui l'aurait assumée.

Antoinette fut assez bonne pour se contenter de la réplique. Gérard continua :

— Voilà pourquoi, mademoiselle, j'ai réfléchi et pris la résolution de vous proposer ma compagnie jusqu'à votre couvent, pour peu, toutefois, que vous n'y ayez aucune répugnance.

— Aucune, monsieur, dit Antoinette; mais, enfin, pour avoir hésité, vous aviez vos motifs, et je ne vois pas encore la raison qui vous pousserait maintenant à négliger vos devoirs pour me rendre un service que vous avez cru devoir me refuser tout-à-l'heure, et que me rendra si bien l'honnête garçon que voici.

Elle désignait en même temps du geste et du sourire le jeune gars tout rose, qui marchait derrière.

Gérard ne trouva rien à dire. Il examina du coin de l'œil ces traits si fermes et si purs dont les lignes sévères annonçaient une volonté solide. Il comprit qu'avec une logicienne de cette force la discussion finirait à son désavantage.

Plus il creusait l'examen, plus il rougissait de n'avoir pas deviné au premier aspect la sainte vertu sous son écorce virginale.

— J'ai eu l'honneur de vous dire, mademoiselle, interrompit-il plus bas, que je vous demandais humblement pardon ; j'avais commis une erreur, une faute, me pardonnerez-vous?

— Oh! assurément, monsieur.

— Vous m'acceptez pour compagnon, alors?

— Mais puisque j'ai quelqu'un.

Gérard en s'approchant :

— Peut-être, mademoiselle, dit-il, serais-je pour vous une société plus convenable? S'il ne s'agit que de marcher derrière vous et de vous protéger en cas d'insulte, ce garçon suffit je l'avoue; il me fait l'effet de valoir au moins votre pauvre Sidoine; mais pour la conversation, je puis vous affirmer sans trop d'orgueil que je vaudrai mieux que lui, fût-il doublé de votre cocher. Ainsi, mademoiselle, acceptez-moi pour interlocuteur : nous avons vingt lieues à faire, et je me sens du fonds pour vingt heures au moins d'entretien.

Gérard, en prononçant ces paroles, retrouva si bien l'éclat sincère de son regard, il caressa si paternellement l'esprit de cette jeune fille, qu'elle avait consenti par le plus doux sourire avant qu'il n'eût terminé sa prière.

Gérard enchanté, se rapprocha du paysan.

— Eh bien, mon garçon, s'écria-t-il, en lui frappant amicalement sur l'épaule, me voilà de la compagnie : fais-moi bonne mine, et soyons aimables pour distraire un peu cette charmante demoiselle.

— Ah! merci, dit Antoinette, vous me faites plaisir; j'ai cru que vous alliez congédier ce bon Michel—il s'appelle Michel — un affreux nom, quoique le nom d'un grand saint; j'ai cru, dis-je, que vous alliez le renvoyer, et cela me faisait de la peine, j'aime sa figure.

— Mademoiselle, répondit Gérard, si j'eusse renvoyé Michel, vous auriez le droit de dire que je ne suis pas pour vous ce que je dois être, et vous eussiez très-bien fait de garder Michel malgré moi. Renvoyer Michel ! Oh ! non ; tout au contraire. Si je me fusse trouvé seul près de vous depuis la petite explication que nous venons d'avoir, c'est moi qui vous eusse demandé d'adjoindre un tiers à notre société. Sans parens, sans amis, comme vous l'êtes, en face du couvent où vous allez entrer, je ne voudrais pas, au prix de ma vie, qu'il s'arrêtât l'ombre même d'un soupçon sur votre tête. Non, mademoiselle, non. — Et en voyant le soin que je prends de vous rassurer contre moi-même, j'espère que vous me ferez la grâce de m'accorder un peu de votre confiance, en retour du dévoûment tout fraternel que je dépose à vos pieds.

Antoinette comprit, à l'accent de ces mots, que le jeune homme les avait exhalés du fond d'un cœur loyal ; ses yeux se voilèrent ; l'inspiration d'une âme généreuse lui monta au cerveau comme une ivresse, et se retournant vers Michel un peu gêné par ce beau langage :

— Mon ami, lui dit-elle, d'une voix brève, toute palpitante de son émotion, puisque monsieur consent à m'accompagner, je ne veux pas vous faire perdre votre temps. Retournez à Dommartin, et voici un second louis pour toute la bonne grâce que vous avez mise à me servir.

Gérard voulut s'écrier, mais Antoinette

lui ferma la bouche avec un regard d'une si sublime innocence qu'il y eût eu sacrilège à effacer, par un bruit mondain, l'écho des divines paroles prononcées par cette jeune fille.

Michel, enchanté, hasarda pourtant une observation.

— Et les chevaux? dit-il.

— Ramenez le vôtre, interrompit vivement Antoinette, quant au mien, je le renverrai en arrivant au couvent.

A ce moment, Gérard lut sur le visage

de cette enfant toute l'autorité d'un sang habitué à commander.

Michel n'ajouta plus un mot et tourna bride. Encore une fois Gérard et Antoinette se trouvèrent seuls, mais la jeune fille, cette fois, avait grandi de vingt coudées,—elle dominait la situation.

V.

LE SOUPER A LA FORGE.

Gérard ne remercia point sa compagne du mouvement qu'elle avait eu. On ne paie pas plus l'inspiration de la générosité que celle du génie. La générosité n'est autre chose que le génie du cœur. Quant à Atoinette, après cette exaltation passagère, elle était retombée dans son habituelle sérénité. Le ciel s'était dégagé peu à peu des nuages du matin ; un soleil doux, séchait les chemins et répandait sur les arbres, déjà vivifiés, la couleur du printemps. Les tilleuls poussaient leurs bourgeons rouges au-dessus du bois noir de l'année précédente. Dans le creux des ornières buvaient les bergeronnettes à peine effarouchées par le pas des chevaux. Au loin, dans la campagne, le chaume des cabanes reluisait comme de l'or, et les bœufs, en foulant la terre humide, fermaient leur large paupière inondée de tièdes rayons.

Les deux jeunes gens marchèrent ainsi

côte à côte: Antoinette rêveuse et laissant cette poésie pénétrer avec l'air pur dans tout son être; l'autre, déjà inquiet, partagé entre des regrets et de vagues espérances, ému quand il se retournait pour chercher l'horizon derrière lequel pleurait sa mère, ému quand il voyait sous son regard l'innocente et belle créature que Dieu venait de lui envoyer à protéger.

Le temps marchait, le chemin fuyait entre les pieds des chevaux. A part l'échange de politesses et de remerciements : « Etes-vous bien assise ? — Oui, merci. — Ne vous fatiguez-vous point ? — J'irai jusqu'au bout. » A part quelques remarques sur le paysage, et quelques discrètes questions pouvant améliorer un peu la situation présente, les voyageurs ne s'étaient rien dit depuis le départ de Michel.

Cependant les sujets de conversation ne manquaient point, et comme il ne pouvait s'en rencontrer un plus convenable que la vie elle-même de la jeune fille, son passé, son avenir, Gérard adopta délicatement ce texte et fit raconter à Antoinette ce qu'elle avait souffert et ce qu'elle espérait.

— Assurément, dit-elle, en terminant

son récit, je crois être née de parents bien supérieurs à ma gouvernante, mais à quoi bon m'en préoccuper, les religieuses n'ont pas de parents. Dieu le leur défend, lui qui pourtant leur avait donné père et mère. Il leur tient lieu de tout, elles n'ont plus besoin de rien. Je vais être religieuse, et ne songerai plus à personne en ce monde. Cela me sera facile, jamais je n'ai rien aimé.

—Mais, dit Gérard, puisque vous croyez avoir des parents, puisque vous sentez leur présence, si cachée qu'elle puisse être, vous devez espérer qu'ils se rapprocheront de vous un jour.

— Nullement, monsieur. Des parents qui m'eussent confiée à la gouvernante que j'ai perdue, me fussent venus voir au moins une fois, et je vous ai dit déjà qu'en dix-sept ans je ne me souviens d'avoir aperçu que quatre à cinq personnes étrangères. J'étais, me répondrez-vous, une enfant, offrant peu d'intérêt, ces parents qui se cachent pouvaient avoir leur raison de se cacher ; mais en dix-sept ans, monsieur, il y a place pour un rayon de soleil, et ce rayon m'eût suffi pour voir que j'étais l'enfant de quelqu'un... Non... rien... personne... quelques louis jetés, voilà tout... Les louis d'or portent l'effigie du roi, ce ne sont pas des portraits de famille. Une occasion se présentait : ma gouvernante venait de mourir; j'étais seule, abandonnée, voilà un motif pour mon père ou ma mère d'accourir auprès de moi. Que fait-on ? Une lettre de la gouvernante les avertit; un courrier arrive. Il apporte une réponse et repart; ma gouvernante brûle cette réponse, elle expire, le secret meurt avec elle, et vous me trouvez dans un fossé avec un paysan auquel on confie mon bonheur et ma vie, estimés vingt-cinq louis. Ce paysan a l'ordre de me jeter dans un couvent où sans doute ma pension sera payée. Voilà mon avenir tel que l'entendent les arbitres de ma destinée. Appelez ces gens-là ma famille, si vous voulez, monsieur, moi je n'en ai pas le courage. Mais je vois que vous vous attristez ; aurais-je encore cette douleur de communiquer mes souffrances à des êtres heureux ! Egayez-vous, je vous en supplie.

Gérard en effet baissait la tête, en proie à une mélancolie qu'il devait naturellement attribuer au triste récit de la jeune fille.

Antoinette reprit :

— Vous me connaissez trop maintenant, pour que je ne cherche pas à vous connaître un peu. Expliquez-moi, je vous prie, de quoi se compose le bonheur de la famille. Vous m'avez parlé d'une mère que vous avez, d'une vraie mère.

— Oh oui, mademoiselle, s'écria Gérard, une mère véritable !

—Vous n'avez pas de frère ni de sœur ?

— J'ai eu un frère, mademoiselle, un frère jumeau, que ma mère idolâtrait. Oh ! je me souviens qu'elle l'aimait plus que moi, et cela m'a toujours bien surpris qu'elle laissât voir sa préférence, elle, la plus intelligente, la plus probe, la plus tendre des mères. Nous avons perdu mon frère à dix ans; une fièvre l'a emporté après la petite vérole, dont nous étions atteints tous deux, et qui m'a épargné, moi, celui des deux fils que ma mère eût peut-être le moins regretté. Mais pourquoi donc ai-je l'air d'accuser ma bonne mère, cette idole de mon cœur?

— Je vais vous le dire, répliqua Antoinette, c'est qu'en vous plaignant de votre mère, vous espérez me consoler de n'en avoir pas eu.

— C'est vrai, répondit Gérard, qui remercia par un coup-d'œil cette noble créature, — et depuis la mort de mon frère, c'est-à-dire depuis dix-sept ans à peu près, ma mère m'a aimé seul comme autrefois elle n'aimait pas ses deux fils ensemble. Cependant il m'a fallu entrer en campagne. J'ai acheté une lieutenance dans les dragons de Peysac, que M. de Louvois a envoyés à l'armée de Catinat. Ah! si vous aviez vu ce matin les pleurs de ma mère quand elle m'a embrassé, si vous aviez entendu ses tendres recommandations et sa douce éloquence pour me rappeler, à moi soldat, le souvenir de mon père, qui a emporté en mourant l'unique amour de sa vie. Vous qui voulez savoir comment vivent les gens heureux, entrez un moment dans la vie si calme, si droite, si modestement fleurie de ces deux âmes pures qui n'ont jamais eu qu'une ambition, celle d'aimer plus encore qu'on ne les aimait. Ma mère, voyez-vous, n'a plus que moi sur la terre, et elle voudrait bien que le canon de M. le duc de Savoie me laissât revenir au châ- de Lavernie.

— Oh! vous y reviendrez, s'écria Antoinette. Ainsi donc, vous vous appelez Lavernie?... Vous êtes officier, gentilhomme?

— Oui, mademoiselle.

— Vous avez deux noms, vous, ajouta la jeune fille mélancolique.

— Pour tout le monde, comte de Lavernie, pour ma mère, Gérard.

— Gérard, répéta Antoinette, c'est un joli nom.

— Voilà, mademoiselle, qu'à présent vous me connaissez comme je vous connais. Et vous voyez qu'en vous offrant tout d'abord de vous conduire chez ma mère, je vous traitais déjà comme une sœur.

— Il faut croire, répliqua malicieusement la jeune fille, que je fais meilleur effet au premier coup-d'œil qu'au second.

— Vous m'avez pardonné, dit Gérard, en posant un doigt sur ses lèvres.

— Comment ne pas pardonner à celui qui fait si obligeamment vingt lieues hors de sa route en compagnie d'une maussade fille — oh! oui, maussade, car je vais encore me plaindre... Avons-nous fait beaucoup de chemin? — mon estomac compte les lieues aussi exactement qu'une horloge. J'ai faim, monsieur, il faut bien que je l'avoue.

— Hélas, mademoiselle, nous voilà en pleine campagne, le dernier village que nous avons traversé est à deux lieues en arrière; trois grandes lieues nous restent à faire avant d'arriver à un autre.

— Et le jour baisse, dit la jeune fille, le froid vient!

Il était quatre heures environ. Le soleil avait pâli; une brume violette commençait à planer sur la ligne de l'horizon. Gérard se retournant de tous les côtés sentit cette violente douleur que tout homme de cœur éprouve à voir une souffrance qu'il ne peut soulager.

Tout-à-coup, entre des arbres, derrière

un petit bois, il entendit le bruit des marteaux et vit luire la flamme rouge d'une forge.

—Mademoiselle, dit-il, avisons au plus pressé; vous aviez froid, voici du feu. Ce serait avoir bien peu de chance que de ne pas trouver des œufs à cuire sur cette belle flamme. Voulez-vous tourner à droite?

— Tournons, dit Antoinette.

Ils entrèrent alors dans un petit chemin creux fort plongeant, que ses deux

talus escarpaient comme une caverne.
Sur ce chemin se penchaient des arbres
verts et des chênes auxquels pendaient
leurs feuilles jaunies. La fraîcheur se
tournait en froid, la bise qui accourait
de la plaine s'engouffrait en jurant sous
les arceaux de cette voûte de ramures.

Il y avait déjà crépuscule en ce chemin, qu'il faisait encore jour sur la grande
route. C'était un ravissant spectacle, mais
nos voyageurs dans leur hâte, n'eurent
qu'un mépris désobligeant pour les lierres si vigoureux qui étreignaient les arbres jusqu'à leur sommet et venaient à
leur base s'épanouir en nappes d'un vert

noir. Au bout de ce paysage apparut la forge toute embrasée -- sa large porte ouverte indiquait assez que la chaleur intérieure suffisait aux habitans. — Ces flammes rouges ou bleues, selon que le soufflet animait plus ou moins leur furie, éclairaient un forgeron robuste, son jeune apprenti, et, dans un angle, une femme de trente ans qui berçait son enfant dans ses bras en chantonnant un vieux cantique près de la fenêtre.

Dès que le pas des chevaux eut retenti, le forgeron, à qui ce bruit annonçait travail et profit, envoya le garçon au-devant des voyageurs.

Gérard prévint ses offres. Il avança tout à cheval jusqu'à l'auvent de la porte.

— Nous n'avons pas de chevaux à ferrer, dit-il ; mais nous avons froid, nous avons faim, et l'idée nous est venue que la ménagère du forgeron gagnerait plus vite une demi-pistole en nous offrant sa bonne mine et ses œufs frais que le maréchal ne gagnerait douze sols à remettre un fer. Me suis-je trompé? Puis-je descendre?

Le forgeron, au lieu de répondre, sourit et vint tenir l'étrier à Gérard, qui obstruait avec sa monture toute la lumière de la porte. Quand il aperçut la jeune fille sur l'autre cheval.

— Femme, dit-il, viens!

Mais Antoinette se laissa glisser en bas du cheval gris, et s'alla promptement asseoir devant le feu.

Gérard disparut avec la femme pour surveiller les apprêts du souper. Cependant, la jeune fille toute épuisée, allongeait ses deux mains pour les chauffer en garantissant son visage. Gérard revint avec le souper et s'assit en face d'Antoinette. Ce repas fut charmant. Des œufs, de la piquette, du pain bis, un quartier de bon fromage et des noix sèches. Le pot de grès éblouissant de propreté, du gros linge, des gobelets d'étain bien brillants; et pendant le souper, la chanson du forgeron qui ne voulait pas perdre son fer rouge, et les caresses d'un gros chat noir qui passait et repassait en ronflant sur les petits pieds d'Antoinette.

— Maintenant, dit Gérard, lorsque tous deux eurent achevé, ces bonnes gens ne peuvent coucher personne; votre lit, mademoiselle, est donc à trois lieues d'ici. Ferez-vous bien ces trois lieues?

—Non, répliqua Antoinette. Mais pourquoi ne me laisserait-on pas dormir quelques heures sur le vieux fauteuil que voici, près du feu ? Depuis que je me suis reposée, je sens ma fatigue, il me serait impossible de faire un pas.

— Parfaitement, répondit Gérard. Mais je préférerais pour vous cette bonne peau de mouton que vient de m'offrir notre hôtesse. La laine en est si touffue que jamais vous n'aurez eu un matelas plus doux.

—Cette peau sera pour vous, monsieur le comte, dit Antoinette, en attachant sur le jeune homme un regard curieux. On eût dit qu'elle voulait voir l'effet que produirait sur Gérard cette appellation dont elle usait pour la première fois avec lui. Moi, je garde le fauteuil où déjà je dormirais dans la crainte d'être à vos yeux une petite paysanne tout-à-fait mal élevée. installez donc votre lit près de l'âtre, et imitez-moi, car, vous aussi, vous devez être fatigué.

Le forgeron et sa femme avaient considéré avec une bienveillante neutralité ces dispositions de leurs hôtes. Quand ils les virent d'accord, ils se retirèrent dans la chambre voisine, où, suivant l'usage,

un seul et même immense lit de plumes
recevait le soir tous les habitants de la
maison. Les chevaux, placés sous un appentis, tiraient à grand bruit de dents le
foin et les fanes de pois desséchées. La
chandelle s'éteignit dans la forge, que
les reflets du feu continuèrent à illuminer poétiquement.

Gérard, sur un escabeau, dans le coin
de l'âtre, regardait Antoinette. La jeune
fille silencieuse, après avoir essayé de
soutenir ce regard avec un sourire, s'en
trouva tellement gênée, tellement brûlée
malgré elle, que n'osant se détourner de
peur de déplaire à son compagnon, elle

ferma les yeux, comme vaincue par le sommeil. Fermer les yeux c'était seulement empêcher Gérard d'y lire ce qui troublait son âme, car derrière le voile des paupières une femme voit encore, et plus librement. Mais le jeune homme la crut endormie, et après avoir rêvé quelques instants, l'œil fixé sur les braises mourantes, il se renversa doucement en arrière et s'endormit lui-même, la tête sur l'épaule, un bras pendant.

Alors, Antoinette rouvrit ses grands yeux noirs et se leva. Le regard opiniâtre qu'elle attacha sur Gérard endormi, donnait à son visage une expression nouvelle, dont il eût été bien surpris, ce Gérard qui croyait avoir observé la jeune fille et deviné en son âme le calme sans fond de l'indifférence. Lorsqu'elle eut longuement regardé son compagnon, sans que rien eût modifié sur son visage ce contentement sombre et mystérieux qui s'y réfiétait, elle poussa un soupir étouffé, mit une main sur son cœur et sortit de la forge pour respirer plus librement.

La lune rouge et large s'élevait au fond du ciel, coupée en deux par une ligne noire que dentelaient des arbres encore squelettes. Du milieu de la pelouse fraîche jetée comme un tapis en avant de la chaumière, Antoinette apercevait toujours, aux pâles reflets de l'âtre, ce jeune homme endormi qui lui avait demandé de veiller sur elle, et elle se disait que ce n'était pas l'heure encore de se rappeler toutes les paroles, tous les gestes, tous les détails de cette journée; que dans peu, une fois entrée au couvent, une fois seule, elle aurait bien le temps et serait plus libre pour descendre au fond de sa pensée et y reconnaître un à un tant de souvenirs; qu'en attendant, il fallait se hâter de récolter, d'entasser pêle mêle dans sa mémoire, et de se faire une provision de bonheur pour les jours de larmes.

Rien n'était beau, rien n'était touchant comme cette pure et intelligente fille se disputant elle-même à sa destinée. Elle qui, dans son enfance solitaire, avait souffert si bravement, peut-être parce qu'elle ne connaissait pas le mot espérance, elle se troublait aux premiers battements de son cœur, et l'apparition d'une joie l'épouvantait comme une lumière insolite, éphémère, qui révèle au prisonnier l'horreur de son cachot, tolérable au sein des ténèbres.

Antoinette la stoïque s'oublia au point de se rappeler que Gérard lui avait offert de la conduire chez sa mère. Elle se re-

présenta un vieux château, sous de vieux
arbres, le miroir azuré d'une grande
pièce d'eau, de longues allées embru-
mées, au fond desquelles passait comme
une vision un cavalier suivi de ses chiens;
la douceur des causeries, l'appui d'un
bras dans les promenades, et ce frémis-
ment étrange qui l'avait saisie quand Gérard, pour la tirer du carrosse, l'avait en-
veloppée de ses bras. Tout cela entraîna
sa pensée et lui attendrit le cœur à tel
point, qu'elle n'entendit pas derrière elle
Gérard, qui accourait avec inquiétude
et qu'elle ne put lui cacher deux grosses
larmes échappées de ses yeux, tandis qu'elle feignait de regarder le
ciel.

— Vous pleurez, dit-il, en lui prenant la main. Souffrez-vous?

— Non, répliqua Antoinette. J'ai pensé à ma gouvernante, au pauvre Sidoine, et j'ai eu un peu de chagrin, comme vous m'en avez vu ce matin.

— Vous ne dormez plus?

— J'ai dormi, merci. Mais vous, monsieur?

— Oh! moi, tant que je vous verrai pleurer...

— Je ne pleure pas, mais je suis impatiente.

— De quoi ?

— Il est minuit, la lune éclaire. N'admirez-vous pas comme le temps est doux ? Si vous y consentiez, je serais arrivée demain au matin à ma destination, et vous pourriez continuer votre chemin tout seul. Je vous en supplie, partons.

Gérard ne répondit rien ; mais il s'occupa aussitôt de préparer les chevaux. Le bruit qu'il fit réveilla le forgeron. Gérard lui donna une pistole, et ce fut son tour de prendre dans sa main le pied d'Antoinette, de la soulever entre ses bras et de l'asseoir sur le cheval gris. Cinq minutes après, les voyageurs avaient quitté la forge.

Au bout du chemin creux, Antoinette arrêta sa monture, se retourna et regarda, comme elle savait regarder, ce petit nid caché qui venait d'abriter son premier bonheur.

— Qu'avez-vous? demanda Gérard.

— Rien, répliqua-t-elle en hâtant sa marche.

—Comme vous êtes réservée avec moi, comme vous êtes défiante, mademoiselle! Il y avait une pensée dans vos yeux, vous me la cachez.

Elle baissa la tête, en proie à une douloureuse émotion.

— Par grâce, dit-il en se rapprochant, parlez; cette pensée, dites-la moi...

—J'en avais deux, répondit Antoinette avec son élan indomptable.

— Voyons!..

Et il s'approcha encore : son genou effleura la robe brune de sa compagne.

—L'une, dit-elle, c'est que pour la première fois de ma vie, ce soir, j'ai oublié de prier Dieu en sortant de table.

— Hélas! mademoiselle, Dieu ne vous en voudra pas ; vous aurez assez de temps à lui donner : — l'autre pensée, je vous en prie.

—C'est, dit-elle, d'une voix tremblante qu'elle cherchait vainement à affermir, c'est que la jolie petite maison dont nous sortons je ne la reverrai plus jamais.

Elle fouetta le cheval comme s'il eût fait une faute, et s'éloigna de Gérard, dont le contact, le souffle et les yeux venaient encore une fois de la brûler.

A partir de ce moment, silencieux et sombres tous deux, les jeunes gens marchèrent d'un pas rapide. Le jour blanchissant les campagnes les surprit à l'entrée de la ville de Mézières.

On apercevait par-dessus les maisons le coteau sur lequel s'élève le couvent des Filles-Bleues.

Lorsqu'un des gardiens de la ville leur

montra de loin l'édifice, Antoinette pâlit;
Gérard s'en aperçut.

— Hâtons-nous, dit-elle.

Et elle s'élança, l'œil sec et la main
fiévreuse, dans le chemin, à cent pas du
couvent, dont on voyait distinctement
l'entrée et les fenêtres.

Gérard courut derrière, puis la devança, lui barra le passage, en plaçant
son cheval en travers.

— Ecoutez-moi, mademoiselle, je vous

en conjure, dit-il; vos traits sont altérés, vous tremblez. Arrêtez-vous ici. J'ai beaucoup réfléchi depuis que nous avons quitté la forge, j'ai beaucoup observé. Maintenant, je suis sûr que vous n'allez pas avec joie en ce couvent.

Elle voulut s'écrier... il reprit :

— Ne le niez pas, rappelez-vous mes offres. Tournez bride, il en est temps encore. Là-bas, une amie, une protectrice, ma mère; là-bas, la liberté, les joies du monde. Ici, la solitude, le silence, l'oubli.

— L'oubli... murmura-t-elle.

—Mademoiselle, par pitié, ne vous sacrifiez pas. Retournez-vous, voyez comme ces prés sont riants, comme ces montagnes sont roses du côté de Lavernie. Ici, voyez les murs noirs, la sombre verdure des buis. Derrière vous, tout vous sourit, c'est la vie ; devant nous, tout effraie et repousse, c'est la mort.

Elle jeta un coup-d'œil morne sur l'immense bâtiment.

—Antoinette, ma sœur, continua le

jeune homme, si vous n'aimez rien de ce monde que je vous offre, songez au chagrin que vous feriez aux gens qui s'intéressent à vous.

— A qui, bon Dieu! dit-elle.

— A moi, qui me sens dans le cœur, une amitié si vive, une telle habitude contractée en bien peu d'heures, que, de mon cœur au vôtre, si vous me quittez pour disparaître dans cette noire maison, quelque chose va se rompre qui me laissera une éternelle blessure.

— Monsieur... ne me dites pas cela !

s'écria la jeune fille plus pâle qu'un spectre et dont les yeux lancèrent une flamme, si vous êtes chrétien, monsieur, ne me dites pas cela!

Et elle voila de ses mains, cette noble figure, la plus sublime image du désespoir.

—Antoinette, venez! venez! dit Gérard en saisissant la bride du cheval qu'il fit tourner, sans qu'elle eût donné signe d'existence.

Tout-à-coup, à l'une des fenêtres du

couvent, parut une religieuse grande et de mine hautaine, qui cria :

— Mademoiselle de Savières, est-ce vous?

Antoinette tourna la tête.

— On m'appelle! dit la jeune fille réveillée en sursaut, et qui glissa, ou plutôt tomba en bas de son cheval.

—Vite! vite! s'écria Gérard en essayant de l'enlever encore.

Mais la porte s'ouvrit. On vit accourir

plusieurs religieuses. Gérard cessa de lutter.

— Adieu! monsieur de Lavernie, murmura la triste enfant. A tout jamais, adieu.

— Antoinette, à l'armée d'Italie, sous Pignerol, Gérard de Lavernie, lieutenant de dragons. Si vous regrettez quelque chose en ce monde, écrivez-moi une ligne, un mot, et j'accours! Antoinette, je vous connais depuis vingt heures, comptez sur moi pour l'éternité!

Il saisit la main de la jeune fille, la

pressa sur son cœur, y appuya ses lèvres brûlantes, et au moment où les religieuses s'emparaient d'elle, il poussait déjà son cheval dans l'escarpement de la côte.

Antoinette, immobile, glacée, l'œil attaché sur Gérard qui fuyait, entra dans le couvent, au milieu des religieuses, sans savoir si ses pieds avaient touché la terre.

. . . .

Telle était cette jeune fille que M. de Lavernie avait aimée passionnément de-

puis leur séparation. Il lui avait écrit de
l'armée une lettre signée Gérard. Cette
lettre, pleine de respectueuses tendres-
ses, avait été envoyée au ministre de la
guerre par la supérieure, et la jeune fille
n'en avait rien su. Mais comme chez elle
vivait plus ardemment que jamais le souvenir de Gérard, comme elle s'était refu-
sée obstinément à répondre à la supérieure, qui la questionnait sur le jeune
homme disparu aussitôt qu'aperçu à la
porte du couvent; comme il ne s'était
point passé une heure sans qu'elle de-
mandât au ciel la grâce de revoir son
ami, qui l'avait appelée sa sœur, Antoinette, malgré le prétendu silence du
jeune homme, n'avait pas supposé qu'on

l'eût oubliée, et elle attendait toujours.

Or, à peine lui eut-on signifié qu'elle devait se préparer à faire ses vœux, qu'à l'affreuse idée d'une séparation éternelle, elle résolut de ne plus attendre. Elle écrivit à Gérard la lettre que nous avons vue entre les mains de Catinat, à Staffarde.

Cependant, cette lettre avait été interceptée par la supérieure, et, comme celle de Gérard, envoyée au ministère. Nous savons le trouble de M. de Lavernie au reçu de ces tristes nouvelles; nous avons vu la paternelle bonté de Catinat pour son officier ; le départ de Belair, son voyage et son heureuse arrivée à l'hôtellerie où nous l'avons laissé, caressant avec ivresse une mauvaise mandoline. Nous savons comment La Goberge le surprit et le reconnut à sa voix mélodieuse.

Il nous reste à savoir pourquoi M. de Louvois avait jugé à propos de faire tenir cette lettre à M. de Lavernie et quel intérêt si puissant poussait le ministre à venir lui-même, en compagnie de son espion La Goberge, surveiller les démarches d'Antoinette, d'après les indices que la pauvre enfant donnait si imprudemment, dans sa lettre à Gérard.

VI

LA TERRASSE DES BUIS.

Quand Belair, dans son auberge, eut cassé, à force de râcler, les deux cordes de sa mandoline, il se trouva complétement remis. Le corps n'en pouvait plus, mais l'esprit était vaillant.

— Il ne s'agit pas de dormir, se dit-il. Si une fois je m'endormais, je suis dans le cas d'y rester quarante-huit heures, et c'est à quatre heures du matin que la demoiselle de mon nouvel ami doit venir sur la terrasse. Et puis, cette terrasse, où est-elle? avant que je l'aie reconnue, il se passera du temps. Alerte! qu'il ne soit pas dit que j'aurai fait deux cent cinquante-sept lieues pour manquer ma commission.

Il se mit à la fenêtre. Le ciel était noir comme un crêpe de deuil. Il ventait à déraciner les arbres.

— Admirable temps, se dit-il. Mais

quelle heure ridicule cette demoiselle a été choisir-là! Quatre heures du matin : le point du jour! Que ne m'a-t-elle donné rendez-vous pour minuit, l'heure du mystère, dans une bouteille à l'encre! Et il chantonna :

>Heure de minuit,
>Tu n'es pas la nuit;
>Tu n'es pas le jour,
>Heure de l'amour.

— Voyons si j'ai bien tout ce qu'il faut pour un enlèvement. Une corde à nœuds. Voici la corde, mais il y faut faire des nœuds. Calculons : quand un mur de couvent a vingt pieds, c'est joli; faisons douze nœuds à ma corde. Ah!... un nœud coulant, à l'une des extrémités, pour que la jeune personne n'ait pas de peine à fixer cette corde à un arbre, et que nous ne nous rompions pas le col.

Maintenant, de quoi ai-je besoin encore? d'un cheval? je l'ai; il me paraît bon. Vingt-trois lieues du couvent au château de Lavernie par la traverse, ma bête en fera la moitié, un relais fera le reste. D'une lanterne? Bah! puisque l'aurore nous éclairera. D'une arme... mon épée. Allons!

Belair, avec son équipage, sortit clopin-clopant de l'hôtellerie et se trouva en vue du couvent à deux heures et demie.

La fraîcheur de la nuit, l'approche du moment décisif avaient aiguisé toutes les facultés du musicien. Quand le danger ne paralyse point une âme, il en double l'énergie. Belair se trouva clairvoyant comme un chat et prudent comme une couleuvre. Il débuta par lier son cheval à un arbre et s'engagea d'un pas léger dans ce chemin creux dont nous avons parlé, qui longeait le mur dégradé sur lequel s'épanouissaient les buis. Cette précaution militaire, qui lui eût valu l'estime de M. de Catinat, eut pour avantage de permettre au musicien une fructueuse exploration le long du mur d'enceinte.

Ce fut alors qu'il s'applaudit d'avoir devancé l'heure du rendez-vous. Il eut le temps de reconnaître qu'à l'une de ses extrémités le mur abandonnait le chemin, et s'en allait à angle droit sur les champs eux-mêmes. Là, plus de bruit de pas, quelques broussailles derrière lesquelles on se pouvait cacher; des avoines touffues qui poussaient jusqu'au bas du mur; et, en y appliquant les mains, Belair sentit dans ce mur toutes les excavations que nous avons décrites, admirables marche-pieds dont un homme agile et pressé ne pouvait manquer de faire son profit.

—Pour peu, pensa-t-il, que cette jeune demoiselle ait le sens commun, elle ne choisira pas pour apparaître le côté de la terrasse qui borde le chemin. Là, il peut passer du monde qui troublerait notre conversation : elle se présentera du côté de l'avoine ; je m'en vais donc aller chercher mon cheval et pousser une reconnaissance autour de la place.

Belair exécuta son plan avec bonheur. Il ramena le cheval tout à travers l'avoine, ce qui ne produisit d'autre bruit que le froissement des épis, confondu, d'ailleurs, grâce au vent, dans le sifflement des feuillages. Il n'y avait absolument personne aux environs ; des chiens aboyaient en se répondant, mais à de grandes distances. Trois quarts sonnèrent au couvent.

— Ah ! se dit Belair, voilà trois heures moins un quart. Si la jeune personne avait un peu d'intelligence, elle avancerait sa montre ; moi, si j'étais religieuse et que j'attendisse la visite d'un amant venu de deux cent cinquante-sept lieues, j'aurais passé toute la nuit sur cette terrasse ; il fredonna :

Qu'importe une heure
S'il faut qu'on meure.

L'admirable moment! — Oh! oh! qui passe là-dedans? Un lièvre sur qui j'aurai marché au gîte. Bon, voilà mon cheval qui a peur.

En effet, le petit quadrupède avait effarouché le gros. Belair noua la bride de sa monture à la saillie d'une grosse pierre dans la base du mur.

Maintenant, pensa-t-il, si la demoiselle perd son temps, à moi d'économiser les minutes. Grimpons toujours sur cette terrasse, ce sera autant de besogne faite.

Il passa dans son bras la corde à nœuds, et, s'aidant de chaque fenêtre pratiquée dans la muraille par les hérissons, il parvint sans trop d'écroulements à empoigner de sa main droite la corniche du chaperon.

—Pourvu qu'il n'y ait pas trop de verre cassé, dit-il, ou que le morceau ne me reste pas dans la main. Je tomberais de quinze pieds et j'écraserais beaucoup d'avoine.

Il en était là de ses pérégrinations quand un bruit soudain retentit à quelques pas de lui. Les buis frissonnèrent, une forme humaine se dressa dans l'ombre, au-dessus des branchages.

Belair baissa la tête comme un limaçon qui rentre son cou dans sa coquille; mais le limaçon n'a pas de mains exposées hors de sa maison, et Belair avait les deux siennes cramponnées au mur. Il pensa tout de suite au grec Cynegire, à qui, dans une situation non moins désagréable, un Perse avait coupé le poignet droit, puis le poignet gauche, et qui avait été forcé de s'accrocher au plat bord de la barque avec ses dents, jusqu'à ce qu'on lui coupât la tête.

L'histoire est invraisemblable, mais Belair l'avait prise au sérieux, et, dans la circonstance présente, c'était effrayant.

— Si j'allais sentir un bon coup de hache sur mes doigts, se dit-il; laissons-nous glisser, il y a moins de risque.

Mais au lieu d'entendre siffler une hache, il entendit une voix émue, douce, qui lui disait :

— Serait-ce vous, monsieur Gérard ?

Sa tête se lança hors de ses épaules; il fit un effort, presque un bond, et vit face à face la plus charmante fille pâle qui suivait sa manœuvre avec anxiété.

Mais en une seconde, aussitôt que les deux visages se furent confrontés, avant que Belair eût pu placer un mot, la jeune religieuse poussa un petit cri et recula.

—Mademoiselle Antoinette, n'ayez pas peur, s'écria Belair, je ne suis pas M. Gérard, c'est vrai ; mais je viens de sa part.

Vous voyez que je sais votre nom, ne vous sauvez pas ainsi ; approchez.

Antoinette n'avança pas mais ne recula plus.

— Mademoiselle, continua Belair, si j'avais une seule main libre, je vous exhiberais mes pouvoirs. C'est la lettre que vous avez écrite à M. de Lavernie, et qui doit servir à m'accréditer près de vous, comme disent les ambassadeurs. Cette lettre est dans ma poche de côté ; faites-moi la grâce de la prendre, s'il vous plaît... Ah! vous hésitez, tant pis, je suis très-mal à mon aise, et je perds mes forces peu à peu. Remarquez que je suis suspendu presque à la force du poignet entre mur et terre, j'ai fait deux cent cinquante-sept lieues, mademoiselle, sur de très-mauvais chevaux. Bon ! la pierre sur laquelle j'avais posé un orteil s'ébranle et va se déraciner... Pour l'amour de Dieu, ou de M. Gérard, mademoiselle, arrivez donc, je glisse !

Antoinette, surmontant ses craintes, accourut aux lamentables accents du musicien.

— Mademoiselle, dit Belair, allongez votre jolie petite main,—très-bien,—em-

poignez la corde qui est roulée à mon
bras, — là, — parfaitement. — Je vous
donnerai une foule d'explications tout-à-
l'heure. — Il y a bien par ici un arbre
quelconque?

— Ce tilleul, dit Antoinette.

— Eh bien! veuillez attacher le nœud
coulant de cette corde à une branche du
tilleul; choisissez-la très-solide, je vous
prie. Est-ce fait?

— C'est fait, dit la jeune fille.

—Ah! s'écria Belair en respirant comme un naufragé qu'on sauve, il était temps!

Il s'accrocha des deux poings à sa corde et enjamba la crête du mur. Ce fut l'affaire d'un moment. Antoinette le vit sur la terrasse, auprès d'elle, qui saluait avec toutes les grâces qu'enseigne la civilité.

— Mademoiselle, dit-il, je m'appelle Belair; je suis un assez bon musicien,— favori de M. de Catinat,— auprès duquel je me trouvais en qualité de grenadier, quand M. Gérard de Lavernie m'a prié de me rendre ici, et je viens prendre vos ordres.

— Mais lui? demanda Antoinette avec angoisse.

— Oh lui, mademoiselle, il est de service. Je crois bien qu'on va se battre un peu là-bas dans le Piémont. C'est pourquoi M. de Lavernie ne peut quitter son poste, mais j'arrive, c'est tout un, et voici mon plan : Nous sortons d'ici et je vous conduis à Lavernie, chez madame la comtesse, mère du lieutenant. A propos, voici votre lettre qui fera foi de ma mission. Il fait bien nuit encore, par bonheur, et vous ne pouvez pas lire; c'est égal. Allons, mademoiselle, puisque vous voilà et que me voilà aussi, partons!

Antoinette recula effrayée, stupéfaite la tranquillité avec laquelle cet inconnu lui proposait de pareilles extrémités.

— Si nous ne nous dépêchons pas, poursuivit Belair, nous allons perdre tout l'avantage des ténèbres.

— Mais, monsieur, s'écria Antoinette, vous me mettez au désespoir! Vous parlez d'une évasion comme vous parleriez d'une promenade.

— C'en est une réellement, mademoiselle, une des plus gaies que puisse désirer une jeune et charmante prisonnière comme vous, seulement hâtons-nous, car le jour viendra, les fâcheux aussi, et l'occasion n'a qu'un mince toupet, comme dit la fable.

— C'est M. de Lavernie qui vous a ordonné de me conduire chez sa mère! dit Antoinette en attachant sur Belair deux regards brûlants qui allaient fouiller le fond de son âme pour y trouver la sincérité.

—Ordonné n'est pas le mot, mademoiselle; prié est plus exact. Mais qu'il ait ordonné ou prié, je ne vous conduirai pas moins au château de Lavernie.

— Il m'aime assez pour me sauver, n'est-ce pas?

— Oh! quant à vous aimer, j'en réponds.

— Et vous, Monsieur, vous êtes son ami?...

— Intime.

— Une vieille et solide amitié?

—Solide, oui... vieille, je ne dis pas..; mais nous perdons beaucoup trop de temps. Êtes-vous décidée, oui ou non ?... En route nous nous conterons toutes nos petites affaires. J'ai l'honneur de vous rappeler que vous devez faire profession à midi; qu'il est trois heures du matin, et que nous devrions courir sur le grand chemin depuis dix minutes.

Antoinette, le visage caché dans ses mains, était en proie à l'un de ces combats cruels qui épuiseraient les forces d'un homme. Elle doutait, — elle désirait, — elle tremblait.

—Pour la dernière fois, dit Belair avec

politesse, je vous avertis, mademoiselle,
que j'ai promis à M. de Lavernie de vous
conduire chez madame sa mère; je vous
y conduirai, et si vous ne vous hâtez pas,
je vais vous enlever tout de bon; à moins
que vous ne criiez à l'aide : ce sera autre chose, en ce cas; je vous tire ma révérence et je pars; j'ai pour un ennemi
un ministre qu'on appelle M. de Louvois;
vous comprenez que je ne plaisante pas
avec les scandales! Ainsi, voilà le chemin; une, deux, trois, partez-vous?

Antoinette qui, depuis un moment, ne
cessait de regarder fixement Belair, puisa
sans doute, soit sur ses traits, à lui, soit

en son cœur, à elle, la résolution nécessaire.

— Avec cette corde? dit-elle.

— Oui, mademoiselle, en se déchirant un peu les mains. Je vous demande bien pardon de n'avoir pas apporté une échelle, mais on ne pense pas à tout. Cependant je ne voudrais pas que vos jolies mains fussent écorchées, M. de Lavernie les aime trop. J'ai une idée : vous allez me permettre de vous attacher la corde autour du corps, et, de cette façon, je vous descendrai tout doucement dans l'avoine.

— Merci, monsieur, dit vivement Antoinette, il ne s'agit pas ici de ménager mes doigts.

Elle saisit le premier nœud de la corde et se pendit intrépidement hors du mur; sa petite main nerveuse alla chercher le second nœud, puis le troisième avec tant de rapidité que Belair la vit en bas avant d'avoir pu lui recommander la prudence.

— Peste! se dit-il, voilà une associée qui m'épargnera de la besogne. A mon tour et à cheval!

Il répéta la manœuvre d'Antoinette, à

cette exception près que, parvenu à la moitié du chemin, il se laissa tomber pour abréger.

— Là! dit-il, venez, mademoiselle; notre monture est à deux pas d'ici, attendez que je la détache.

Tout-à-coup, comme il venait de détacher la bête, il entendit marcher près du mur, à l'angle duquel parut un homme.

Belair se fit petit dans l'avoine. — Autoinette se cacha derrière des broussailles.

— Pardieu, s'écria le nouveau venu, j'étais très-sûr que cet imbécile guettait du mauvais côté. Arrive ici, butor! Est-ce qu'il n'y a pas deux faces à cette muraille terrassée; l'une gardée par le chemin, l'autre favorable aux évasions puisqu'elle donne sur la solitude? Allons, cache-toi dans ces avoines.—Belles avoines, ma foi, les récoltes seront bonnes cette année et pas chères, ajouta l'inconnu en arrachant quelques grappes dont il pesa les grains dans sa main. Arrives-tu?

— Me voilà, monseigneur, j'amène les

chevaux, dit une seconde voix basse et humiliée.

Qu'on juge de l'épouvante qui saisit les fugitifs, lorsqu'ils virent à six pas s'établir un poste de deux surveillants qui coupaient toutes leurs opérations!

Au même instant, comme si un mauvais génie eût conspiré la perte de ces pauvres enfants, leur cheval, qui n'avait pas encore été aperçu, se mit à hennir.

— Un cheval! s'écrièrent à la fois les deux cavaliers, qui s'élancèrent sur l'indiscret quadrupède.

Celui-ci, épouvanté, arracha la bride des mains tremblantes de Belair, fit une cabriole et s'enfuit au galop dans la direction de son écurie.

Belair s'était levé machinalement pour arrêter la bête : il se trouva nez à nez avec les deux hommes.

—Ah! ah! dit l'un, c'est donc pour venir ici que vous abandonnez le service du roi ? On s'en souviendra, monsieur de Lavernie.

— Ce n'est pas monsieur de Lavernie,

c'est Belair! s'écria le compagnon du cavalier.

— La Goberge! murmura Belair, qui reconnut le maître d'armes.

— Qu'est-ce que je disais, reprit La Goberge avec triomphe.

L'étranger s'avança fièrement, et, se croisant les bras :

— Direz vous ce que vous venez faire faire ici, monsieur le drôle, demanda-t-il au musicien.

— Drôle vous-même, répondit Belair.

Il n'eut pas plutôt prononcé ce mot que l'inconnu, dont la vigueur paraissait grande, allongea la main pour le saisir au collet. Belair glissa comme une anguille, et se mit à l'abri. Mais La Goberge avait déjà tiré l'épée et marchait sur Belair.

— Abandonnez-moi ! je me livre, s'écria Antoinette en s'élançant au-devant des deux ennemis.

— Comment, vous livrer ! répliqua Be-

lair, et à qui vous livrer, s'il vous plaît ?
Est-ce que nous connaissons ces gens-là !

— Tu vas me connaître, petit scélérat, dit La Goberge, qui fit un pas, l'épée haute, tandis que l'étranger, à la vue d'Antoinette, restait immobile, fasciné, la dévorant des yeux et murmurait :

— C'est elle ?

— Pendant ce temps, Belair s'était jeté aux jambes de La Goberge, l'avait renversé, lui avait arraché son épée, fait deux morceaux de la lame et saisissait Antoinette par le bras.

— A moi, monseigneur! votre épée! votre épée! s'écria le maître d'armes ivre de honte et de fureur.

— Tiens! dit l'étranger en détachant son ceinturon qu'il lui jeta sans cesser de regarder Antoinette. Tue ce vaurien, je me charge de mademoiselle.

Antoinette poussa un cri en voyant l'éclair sinistre qui jaillit des yeux de l'étranger ; elle se cacha derrière son défenseur qui, pareil à un chat épouvanté, se hérissait, faisait le gros dos et brandissait sa petite épée.

— Mademoiselle, dit le cavalier d'une voix sévère, savez-vous bien à quoi s'expose une religieuse qui s'enfuit? Croyez-moi, laissez-vous conduire au couvent. C'est tout ce que je demande, obéissez!

— De quel droit me commandez-vous? répondit la jeune fille en se serrant contre Belair qui attendait, frissonnant, mais résolu, la première attaque de l'ennemi.

—Du droit que j'ai sur tout et sur tous en ce pays! répliqua l'inconnu avec une hauteur irrésistible. Tâchez que je ne vous en dise pas davantage, et ne m'irritez pas. Allons, quittez le bras de ce misérable qui va mourir, et craignez d'offenser Dieu en me désobéissant.

S'il meurt! s'écria la généreuse fille, je mourrai avec lui : — qu'on l'épargne, j'obéis et retourne au couvent.

— Des conditions, je crois! dit l'étranger avec une sombre ironie.—Tue! La Goberge, tue!

A ce moment, le pauvre Belair, livré à son ennemi puissant, à ce terrible spadassin qui marchait sur lui, se montra brave et beau comme la bête fauve si douce, qu'on réduit au désespoir.

Il se ramassa, cramponné des deux pieds au sol, le bras droit à demi tendu, l'œil fixe : toute sa vie, toute sa pensée, tout son instinct dans ce regard. Sa main gauche avait écarté Antoinette, qui de ses doigts tremblants effleurait encore ceux de son défenseur. Touchante confiance en ce frêle appui.

La Goberge connaissait la force de son adversaire. Il lui avait donné les premières leçons, et jamais graine n'était tombée dans un terrain plus ingrat. Belair avait des doigts trop délicats pour bien serrer la poignée de l'épée. Jamais La Goberge n'avait pu réussir à lui donner une garde régulière; toujours l'élève s'était embrouillé dans la nomenclature des bottes et des parades. C'était une incapacité notoire, et La Goberge souriait en marchant l'épée à la main contre un pareil ciron révolté.

Mais quand il vit prendre cette garde bizarre, quand il aperçut le feu sournois de ses yeux et l'agitation convulsive de cette épée, le sourire se changea en un air bruyant. La Goberge n'essaya plus même les formes.

— Petit coquin, lui dit-il, tu aurais meilleure mine avec six mois de mes leçons. Et il battit vivement le fer, croyant désarmer d'un coup le misérable : la petite épée revint à sa place.

Le gros dos demeura gros dos, l'œil arrondi resta fixe et provacateur. La Goberge dégagea et se fendit à fond en arrondissant le coup, les ongles en l'air, comme à l'assaut devant une galerie. Il était tellement assuré de perforer Belair et de le rapporter à son maître, comme un papillon piqué sur un liége, que sa surprise fut extrême de ne rien sentir au bout de son épée : Belair avait sauté en arrière et esquivé le dégagement.

— Le drôle s'enfuit, s'écria-t-il, en recommençant de marcher à lui.

Belair attendit de pied ferme, et, à la première attaque de son adversaire, il rompit encore, en tendant furieusement la pointe. Ce fut La Goberge qui s'enferra. L'épée lui entra de quatre pouces le long des côtes, et lui cloua le bras à la poitrine. Il poussa un cri de douleur, lâcha son épée et tomba. Tout cela fut l'affaire d'une demi-minute.

— C'est M. de Catinat qui m'a appris cette botte-là, dit Belair, dans nos moments perdus. Venez vite, mademoiselle.

Il saisit dans ses bras, avec toute l'ivresse du triomphe, la jeune fille, qui venait de chanceler en voyant tomber un homme; et, comme l'inconnu s'élançait vers lui avec un geste de rage, il lui porta la pointe aux yeux.

— Misérable! s'écria celui-ci, sais-tu que tu joues ta tête !

— Pardieu! répliqua Belair.

— Laisse-moi cette jeune fille.

— Pourquoi ? Est-ce qu'elle est à vous plus qu'à moi?

— Peut-être.

—J'ai promis de la rendre à son amant, il l'aura.

— Tu l'enlèves à Dieu!

— Si Dieu la voulait, il saurait bien me la prendre.

— Au nom du roi, m'obéis-tu?

— Qui êtes-vous, pour me parler au nom du roi?

—Si tu le savais, tu baiserais la terre!

— Comme je ne le sais pas, je vais brûler le pavé. — Allons, mademoiselle, à chacun de nous un de leurs chevaux, puisqu'ils ont effarouché le nôtre.

Belair entraîna la jeune fille jusque auprès des chevaux. — L'inconnu la suivit, en saisissant la bride de son cheval.

— Ah! ça, dit Belair, en le piquant de la pointe, allez-vous finir, vous!

La honte et la fureur aveuglèrent cet homme. Il fouilla dans une des fontes, et y prit un pistolet, qu'il déchargea sur Belair à deux pas, mais sa main tremblait si fort, que la balle emporta seulement un collet d'habit et effleura la tête renversée d'Antoinette, aux cheveux de laquelle perlèrent quelques gouttes de sang.

Belair, en voyant s'évanouir la jeune fille, qu'il crut morte, fut pris de la seule colère que cette douce nature eût jamais ressentie. Il saisit l'autre pistolet dans la deuxième fonte, et en appuya le canon sur le front de son adversaire, qui restait pâle et debout, l'œil terrible à ce moment suprême.

—Je suis M. de Louvois ! osez donc me

tuer, dit-il, en se croisant les bras avec une majesté menaçante.

Belair poussa un cri de terreur ; sa main retomba sans lâcher la détente. Tout son passé lui apparut ; tout son avenir si effrayant, et l'implacable acharnement du sort, à heurter l'une contre l'autre ces deux destinées. Puis une idée lui traversa l'esprit, — avec un simple tressaillement du doigt, il pouvait changer toute sa fortune, il changeait la face de l'Europe. — Sa main se releva lentement, — mais ce cœur était trop noble pour soutenir même la pensée d'un assassinat : d'ailleurs, Antoinette venait de respirer ; le sang ne coulait plus.

— Monseigneur, dit-il, pourquoi vous tuerais-je? Je veux rendre le bien pour le mal. Veuillez seulement ne pas oublier plus tard que ce misérable, cet atôme, à qui vous faites l'honneur de le persécuter, vous a pardonné et conservé à la vie et à la gloire. Cessez de me haïr, je ne vous ai jamais haï.

— Tu es un homme de cœur, dit M. de Louvois, je le confesse, et je t'aimerai si tu veux, et si tu veux je ferai de toi l'homme le plus puissant et le plus heureux de France. Rends-moi Antoinette et passe ton chemin.

— J'ai promis de l'enlever.

— Tu diras que tu as tué un homme et que tu as été désarmé par l'autre. Tu diras que je t'ai commandé de rendre ton épée. Ou plutôt, non, tu ne diras rien, pas même que tu m'as vu ici. Vois, cette jeune fille est évanouie. Elle ne sait rien, elle n'entend rien ; elle ne se rappellera rien et ne pourra rien dire. Cède, et je fais de toi mon serviteur, mon ami ; oblige un homme qui peut tout et qui fait tout, le bien ou le mal. Allons !

Belair baissa la tête.

— Tu aimes une jolie fille, à qui tu écrivais des lettres si tendres... Je la doterai, tu l'épouseras.

Belair soupira.

—N'hésite pas, dit Louvois, voilà longtemps que tu es absent; qui sait si tu ne finiras pas par être oublié. Les femmes ont peu de patience. Veux-tu épouser demain Violette?

Belair sentit son cœur se gonfler, ses yeux s'attendrir.

— Allons, donne-moi Antoinette, continua M. de Louvois. Violette te la paiera.

Belair abaissa son regard sur la pâle

jeune fille qu'il tenait renversée en ses bras. Ce noble front si pur, marbré de sang, cette poitrine muette, ces mains glacées, lui représentèrent la mort. Antoinette morte! morte à jamais pour Gérard, quand Gérard avait mis en elle tout son bonheur; quand M. de Catinat la lui avait tacitement confiée. Antoinette, vendue par Belair à M. de Louvois, pour payer la rançon de Violette, ainsi qu'on venait de le lui dire... tant de lâcheté, répondant à tant de généreuse confiance!

— Monseigneur, s'écria Belair, vous ne pouvez désirer d'avoir cette jeune fille que pour la perdre. Un homme tel que vous ne s'acharne pas, sans de graves motifs, après de pauvres obscurs tels que nous. Que feriez-vous de cette jeune fille? La donnerez-vous à M. de Lavernie? Pourquoi la poussez-vous à entrer au cloître? Vous ne répondez pas... je n'ai pas le droit d'interroger... Eh! bien, je veux qu'elle arrive pure et libre où j'ai promis de la conduire. Monseigneur, laissez-moi passer.

— Tu refuses?

— Oui, monseigneur!

— Mais, malheureux, tu viens de tuer

un homme! Tu vas enlever une femme! Et quand je te pardonnerais, moi, la loi te punirait encore. Me désobéir, c'est te perdre! L'échafaud est au bout du chemin que tu entreprends.

— Passage, s'il vous plaît, monseigneur!

Et Belair sauta sur l'un des chevaux, entraînant après lui Antoinette, qu'il plaça devant lui.

— Tu es perdu! dit M. de Louvois, car je te suivrai.

—Vous faites bien de me le dire, monseigneur, répliqua Belair, c'est juste; il ne faut pas que vous me suiviez!

Et, d'un coup de pistolet, il cassa la tête du second cheval, qui tomba lourdement.

Alors, il piqua, et disparut dans la fumée, tandis que M. de Louvois, se rongeant les poings, secouait en vain du pied La Goberge, qui essayait, en gémissant, de fermer sa blessure avec un mouchoir.

VII

LE CHATEAU DE LAVERNIE.

Il faisait un temps incertain, tiède. Le soleil n'avait pas réussi à percer les nuages, et, sous la voûte opaque du ciel, la chaleur seule descendait avec peu de lumière.

Madame de Lavernie était assise sur des coussins, à la porte de sa grande salle, dont les degrés conduisaient au parterre. Autour d'elle fleurissaient, dans de larges caisses, des chèvrefeuilles et des clématites, qui s'en allaient, chargés de parfums, gagner les balcons du premier étage.

Le château de Lavernie se composait d'un rez-de-chaussée monté sur perron, d'un étage à neuf fenêtres et d'une toiture aiguë qui écrasait le bâtiment, tout en s'élançant vers les nuages avec élégance. Ces vastes toits, du quinzième siècle, ne ressemblent-ils pas à la prière? Ils ont l'air de dire : tout pour le ciel!

Cette maison, bâtie en briques et en pierre, toute noire et majestueuse en haut, toute riante et fleurie en bas, s'élevait à l'ombre d'un coteau en fer à cheval, dont les deux bras, tapissés de forêts, l'étreignaient mollement et la berçaient à l'abri des vents du nord et de l'ouest. Elle n'avait pas d'orgueil, et plus d'un voyageur avait traversé la vallée sans même soupçonner une habitation parmi les peupliers et les hêtres séculaires.

La route passait au bas de ce coteau, et, de la route à la grille du château, huit rangées de marronniers formaient une quadruple avenue, destinée bien plus à masquer la façade de la maison qu'à l'encadrer pour la faire valoir.

Une petite rivière, bordée de saules nains du côté de l'avenue, mais encaissée par un rempart de briques du côté du château, apportait le mouvement, la fraîcheur et le doux murmure de ses eaux blanches. Elle passait humblement sous un petit pont de pierre, en deçà duquel était la grille aux armes de Lavernie. Sur cette face, les fenêtres étaient fermées de rideaux et toujours désertes.

Depuis la mort de M. de Lavernie,

toute la vie du château s'était retirée à la façade intérieure. Les appartements de la comtesse avaient vue sur le parterre, au sud-est, et le soleil les carressait du matin jusqu'au soir. Là, soit qu'elle fût assise près de la fenêtre au premier étage, soit qu'en bas, dans sa grande salle, elle donnât ses ordres ou surveillât ses gens, madame de Lavernie avait pour perspective unique le rond-point d'une forêt de platanes et de marronniers, voûte noire et profonde, sous laquelle on entrevoyait la rivière, éclairée furtivement par une déchirure des feuillages ; et, au-delà de cette forêt et de ces eaux mélancoliques, rien à l'horizon ; et du château à ce rond-point, un vaste quadrilatère aux dessins réguliers, des rosaces, des losanges, des ovales de fleurs, un bassin de pierre avec un jet d'eau, le tout inondé de lumière, d'air libre et butiné incessamment par toutes les abeilles et tous les papillons de la contrée; sans compter que quatre cerisiers gigantesques, plantés aux quatre coins de ce parterre, attiraient là les loriots, les pinsons, les bouvreuils, parasites bavards, que regardaient en pitié un cordon de noires hirondelles abritées sous l'entablement de l'immense toiture.

C'est dans ce petit domaine, d'une cinquantaine d'arpens au plus, bien clos de haies vives et de ruisseaux, que madame de Lavernie avait passé les deux tiers de sa vie. C'est là qu'était né Gérard. — C'est là que le défunt comte de Lavernie, le compagnon d'armes de Catinat, regrettait de ne pas rendre le dernier soupir, alors que, blessé mortellement, sur un glacis, à Maëstricht, il expira en disant : O ma pauvre femme ! ô notre maison !

C'est là enfin que la comtesse, adossée au chambranle de la porte, une main dans les chèvrefeuilles, l'autre sur son cœur, regardait, comme toujours, son parterre lumineux, sa forêt sombre, touchant emblème d'une vie qui s'efface et qui donne, pour le présent, du soleil; pour l'avenir, un horizon de froid et de ténèbres.

Madame de Lavernie n'avait pas cinquante ans. Ses cheveux s'argentaient à peine. Son œil était encore doux et pur comme autrefois : autrefois rieuse, ardente et vive, la comtesse s'était vue frappée par deux malheurs qui lui avaient refroidi le cœur et l'esprit.

Depuis la mort de son mari, nul ne se souvenait de l'avoir entendue rire. Depuis la mort de l'un de ses fils, elle n'avait plus même souri. C'était la majesté dans la douleur, la grâce du corps sans l'expression des traits, et sa voix avait pris toutes les nuances que la physionomie ne savait plus rendre. Fille d'une riche maison, et fille unique, comme elle avait épousé M. de Lavernie malgré sa famille, comme elle avait senti que cette famille triomphait de la mort prématurée du comte et l'appelait un châtiment de Dieu, la comtesse s'était imposé de dédaigner la compassion d'autrui ; elle s'était fait un visage de marbre, mais, malheureusement, son cœur était resté vivant, son cœur avait tout souffert, et, dans chaque battement, la comtesse trouvant une douleur, avait pris l'habitude d'y appuyer la main pour l'empêcher de battre trop fort.

Assise comme elle était ce jour-là, le 26 août, elle pouvait apercevoir, sur l'un des cerisiers du parterre, un petit homme gros et court, à la face pleine et rose, aux habits bruns, qui s'était perché sur une branche fourchue, un panier au bras, et déposait, avec les plus grandes précautions dans ce panier, garni de feuilles, des cerises, qu'il cueillait à l'extrémité des plus hautes branches. Ce petit homme, le nez en l'air, se trouvait fort loin d'une échelle, dont il s'était servi d'abord. L'ardeur de la cueillette l'avait conduit jusqu'en haut de l'arbre, dans les panaches mouvants, où les grappes de fruits sont le plus séduisantes et le moins exposées aux attaques des oiseaux, parce qu'ils sont là trop découverts et trop balancés par le vent.

La comtesse, qui n'avait rien trouvé d'extraordinaire à cette manœuvre du petit homme, tant qu'il s'était tenu dans les branches proportionnées à sa corpulence, poussa un cri dès qu'elle le vit, oiseau gigantesque, faire plier ces branches menues.

—Oh! mon Dieu! Mais ce pauvre abbé va se rompre le col, dit-elle. — Jaspin! est-ce que vous êtes fou? Jaspin!...

Jaspin n'entendait pas; la comtesse

avait si peu de voix, le cerisier était si loin d'elle! Mais auprès de Jaspin, au bas de l'arbre, était couché, le nez entre ses deux pattes de devant, un petit chien noir et blanc à longues soies, à longues oreilles, avec des feux bruns aux sourcils, épagneul charmant, croisé des Charles-dogs d'Angleterre, un animal que la Providence avait doué d'intelligence, de grâce, de courage et de bonté, — trop de qualités pour un homme.

Le chien entendit ce que l'abbé n'entendait point. Il se leva et regarda de loin sa maîtresse, pour l'interroger et la comprendre.

Elle, en ce moment, suppléait à la voix par le geste, et appelait l'abbé par des signes réitérés. Le chien mit ses deux pattes blanches sur le premier bâton de l'échelle et aboya vers l'abbé ; celui-ci ne tourna pas même la tête et dit au chien :
—Oui, Amour, oui, tu auras des cerises ; sois tranquille, petit Amour.

Et il jeta en bas un bouquet de fruits bien mûrs, bien noirs, mais entamés par les oiseaux et les mouches. — Amour, c'était le nom du chien, ne se trouva pas satisfait, bien au contraire : irrité d'avoir été si mal compris, il grimpa du premier bâton sur le second et se remit à aboyer avec colère.

— Ah çà mais, continua l'abbé, toujours cueillant, est-ce que tu crois que je vole les cerises? est-ce que je n'ai plus le droit de monter dans les arbres? Est-ce que tu es le maître de la maison, Amour.

Le chien répondit par un grognement qui signifiait tout ce qu'un animal peut dire quand il méprise quelqu'un.

La comtesse n'y put tenir plus longtemps. Elle vint en aide à son chien. Traversant le parterre, elle accourut au cerisier : Amour cessa d'aboyer et lui lécha les mains, puis se recoucha dans le sable.

—Vous n'entendez donc point, l'abbé? dit madame de Lavernie. Vous me faites mourir de frayeur. — Faut-il que vous soyez gourmand pour vous exposer ainsi, à propos de quatre cerises dont les oiseaux ne veulent plus! Descendez, vous savez bien qu'on ne cueille jamais ces cerisiers-là.

— Oh! madame, gourmand! moi! dit Jaspin, en essayant de poser son pied plus bas. Tiens! Je ne retrouve plus mon échelle.

— Vous en êtes à une lieue... prenez garde, la branche craque.

— Madame, je suis léger comme une plume.

Il n'acheva pas ces mots, le cerisier se fendit; par bonheur Jaspin se tenait suspendu en l'air : la comtesse poussa un cri.

FIN DU PREMIER VOLUME.

TABLE

DES CHAPITRES DU PREMIER VOLUME.

I.	— Le camp de Staffarde............	1
II.	— Belair la Guitare................	45
III.	— La Guitare du grand Roi.........	87
IV.	— Antoinette de Savières...........	125
V.	— Le Souper à la Forge............	204
VI.	— La Terrasse des Buis....	249
VII.	— Le château de Lavernie...........	305

NOUVEAUTÉS EN VENTE.

	Fr. C.
Le Comte de Lavernie, par Auguste Maquet, collaborateur d'Alexandre Dumas. 4 vol. in-8, affiche à gravure, net :	18 »
Montbars l'Exterminateur, par Paul Duplessis, auteur des *Boucaniers*. 4 vol. in-8, net :	18 »
Les Amours de Vénus, par Xavier de Montépin. 3 vol. in-8, net :	13 50
Un Homme de génie, par madame la comtesse Dash. 3 vol. in-8, net :	13 50
Le Garçon de Banque, par Élie Berthet. 2 vol. in-8, net :	9 »
Les Lorettes vengées, par Henry de Kock. 3 vol. in-8, affiche à gravure, net :	13 50
Roquevert l'Arquebusier, par Molé-Gentilhomme. 4 vol. in-8, affiche à gravure, net :	18 »
Mademoiselle Bouillabaisse, par Charles Deslys, auteur de la *Mère Rainette*, la *Dernière Grisette*, etc., etc. 3 vol. in-8, affiche à gravure, net :	13 50
La Chasse aux Cosaques, par Gabriel Ferry, auteur du *Coureur des Bois*. 4 vol. in-8, affiche à gravure, net :	18 »
Le Chasseur d'Hommes, par Emmanuel Gonzalès. 2 vol. in-8, superbe affiche à gravure, net :	9 »
L'Usurier sentimental, par G. de la Landelle. 3 v. in-8, affiche à gravure, net :	13 50
L'Amour à la Campagne, par Maximilien Perrin. 3 vol. in-8, affiche à gravure, net :	13 50
La Mare d'Auteuil, par Ch. Paul de Kock, superbe affiche à gravure. 6 vol. in-8, net :	30 »
Les Boucaniers, par Paul Duplessis. 3 vol. in-8, superbe affiche à gravure, net :	13 50
La Place Royale, par madame la comtesse Dash. 3 vol. in-8.	13 50
La marquise de Norville, par Élie Berthet. 3 v. in-8.	13 50
Mademoiselle Lucifer, par X. de Montépin. 3 vol. in-8.	13 50
Les Orphelins, par madame la comtesse Dash. 3 vol. in-8.	13 50
La Princesse Pallianci, par le baron de Bazancourt. 5 v.	22 50
Les Folies de jeunesse, par Maximilien Perrin. 3 vol. in-8, affiche à gravure, net :	13 50
Livia, par Paul de Musset. 3 vol. in-8, net :	13 50
Bébé, ou le Nain du roi de Pologne, par Roger de Beauvoir. 3 vol. in-8, net :	13 50
Blanche de Bourgogne, par Madame Dupin, auteur de *Cynodie*, *Marguerite*, etc. 2 vol. in-8, affiche à gravure, net :	9 »
L'heure du Berger, par Emmanuel Gonzalès. 2 vol. in-8, affiche à gravure, net :	9 »
La Fille du Gondolier, par Maximilien Perrin. 2 vol. in-8, affiche à gravure, net :	9 »
Minette, par Henry de Kock. 3 vol. in-8, net :	13 50
Quatorze de dames, par Madame la comtesse Dash. 3 vol. in-8, net :	13 50
L'Auberge du Soleil d'or, par Xavier de Montépin. 4 vol. in-8, affiche à gravure, net :	18 »
Débora, par Méry. 3 vol. in-8, net :	13 50

Imprimerie de Gustave GRATIOT, 30, rue Mazarine.